Boochs
Geld und Finanzamt

Geld und Finanzamt

Der aktuelle Ratgeber für Sparer, Kapitalanleger und Steuerzahler

von
Dr. Wolfgang Boochs
Oberregierungsrat
Willich

WRS VERLAG WIRTSCHAFT, RECHT UND STEUERN

CIP-Titelaufnahme der Deutschen Bibliothek

Boochs, Wolfgang:
Geld und Finanzamt : der aktuelle Ratgeber für Sparer, Kapitalanleger und Steuerzahler / von Wolfgang Boochs. – Planegg/München : WRS, Verl. Wirtschaft, Recht u. Steuern, 1990
(WRS-Steuer-Ratgeber)
ISBN 3-8092-0613-X

ISBN 3-8092-0613-X Bestell-Nr. 36.13

1. Auflage 1990

Herstellung: J. P. Himmer GmbH, Augsburg.

Liebe Leserin, lieber Leser,

nach einem altbekannten Sprichwort soll das Geld auf der Straße liegen – „man muß sich nur bücken und es aufheben".

Dies klingt sehr einfach. Im allgemeinen wird jedoch derjenige, der sein mühsam verdientes Geld gewinnbringend anlegen und nicht nur ausgeben will, schon bald feststellen, daß es einiges an Mühe und speziellen Kenntnissen bedarf, um mit dem Geld richtig umzugehen und es zu vermehren.

Hierzu gehört auch das Wissen, daß das mit der Geldanlage verdiente Geld zu versteuern ist. Erst das nach Abzug der Steuern verbleibende Geld kann der Anleger als Gewinn verbuchen.

Die vorliegende Broschüre versetzt Sparer, Kapitalanleger und Steuerzahler in die Lage, alle mit der Anlage von Geld verbundenen steuerlichen Probleme zu erkennen und auch zu lösen.

Die verschiedenen Möglichkeiten der Geldanlage sind dargestellt und aufgezeigt. Die steuerlichen Fragen, die sich im Zusammenhang mit dem Erwerb, dem Besitz und der Veräußerung von Geldanlagen ergeben, sind klar aufgezeigt und praxisgerecht aufgearbeitet von der Einkommensteuer bis hin zur Körperschaftsteuer, Vermögensteuer, Erbschaft- und Kapitalertragsteuer.

So können Geldanleger und Steuerzahler ihre Steuersparmöglichkeiten voll ausschöpfen.

Der Verfasser

Abkürzungsverzeichnis

AO	Abgabenordnung
AStG	Gesetz über die Besteuerung bei Auslandsbeziehungen
BerlinFG	Berlinförderungsgesetz
BewG	Bewertungsgesetz
BGB	Bürgerliches Gesetzbuch
BMF	Bundesminister der Finanzen
BStBl	Bundessteuerblatt
BVerfG	Bundesverfassungsgericht
DDR	Deutsche Demokratische Republik
d. h.	das heißt
ErbStG	Erbschaftsteuer- und Schenkungsteuergesetz
ECU	European Currency Unit
EStDV	Einkommensteuer-Durchführungsverordnung
EStG	Einkommensteuergesetz
EStR	Einkommensteuer-Richtlinien
ggf.	gegebenenfalls
HGB	Handelsgesetzbuch
i. S.	im Sinn
i. V. m.	in Verbindung mit
KAGG	Gesetz über Kapitalgesellschaften
KSO	Einkünfte aus Kapitalvermögen u. sonstige Einkünfte
KStG	Körperschaftsteuergesetz
KStR	Körperschaftsteuer-Richtlinien
m. E.	meines Erachtens
NStZ	Neue Zeitschrift für Strafrecht
NV	Nichtveranlagung
OHG	Offene Handelsgesellschaft
S.	Satz, Seite
StGB	Strafgesetzbuch
u. U.	unter Umständen
VermBG	Vermögensbildungsgesetz
VStG	Vermögensteuergesetz
VStR	Vermögensteuer-Richtlinien
z. B.	zum Beispiel
z. T.	zum Teil
z. Z.	zur Zeit

Inhaltsverzeichnis

A Geld läßt sich in vielen Formen anlegen

Im folgenden Abschnitt werden die einzelnen Kapitalanlageformen auf Rentabilität, Sicherheit, Wertbeständigkeit und Liquidität untersucht:

- Bietet die Kapitalanlage einen **ausreichenden Ertrag?**
- Ist die Anlageform **sicher?**
- Kann die Kapitalanlage unverzüglich und ohne Kursverlust in **Bargeld umgewandelt** werden?
- Unterliegt die Anlageform der **Geldentwertung?**

Für den Anleger ist vor allem wichtig, das Risiko gut zu streuen. Er wird also bei der Anlage seines Geldes in einem Basisdepot verschiedenartige Anlageformen berücksichtigen, z. B. Aktien, Aktienfonds, Rentenpapiere, Rentenfonds, Immobilien, Immobilienfonds (neben einer angemessenen Rücklage auf dem Sparkonto). Die Rücklage auf dem Sparkonto sorgt für ausreichende Liquidität. Rentenpapiere sowie Immobilienanlagen bringen regelmäßige Erträge, sichern damit die Rentabilität und tragen darüber hinaus zur Sicherheit bei.

Entscheidend für die Wahl der Anlage ist vor allem die Anlagedauer. So ist die Anlage von Geld, das relativ kurzfristig wieder benötigt wird, in Aktien, Renten- oder Fondsanteilen wenig sinnvoll, da die kurzfristige Liquidität häufig nur mit Verlusten erkauft werden kann.

Für die Wahl der Anlageform sind aber auch die steuerlichen Auswirkungen zu beachten.

1 Spareinlagen bei Kreditinstituten

1.1 Der große Renner: Kontensparen

Das Sparkonto ist die unkomplizierteste und verbreitetste Form der Geldanlage. Je nach Möglichkeit, Bedarf und Zielsetzung kann der Anleger kleine oder große Geldbeträge auf die hohe Kante legen und mit Zins und Zinseszins das Fundament zur Bildung eines Vermögens oder einer Rücklage für alle Fälle bilden.

Welche Vorteile?

Geschätzt werden vor allem die Sicherheit der Einlagen und die leichte Verfügbarkeit des Geldes bei Bedarf. Ein Sparkonto kann schon mit nur einer DM und ohne Formalitäten eröffnet werden. Spargeld kann jederzeit eingezahlt und bei Bedarf wieder abgehoben werden.

Spareinlagen sind sicher und risikolos. Ein Kursrisiko besteht nicht. Für die Rückzahlung der Spareinlagen haftet der Gewährträger, z. B. eine Gemeinde, in voller Höhe mit ihrem Vermögen.

Der Sparer hat lediglich auf die Geldwertstabilität zu achten. Über die Spareinlage kann er entsprechend den vereinbarten Kündigungsfristen verfügen.

Schneller Zugriff zum Geld

Bei der gesetzlichen Kündigungsfrist kann der Sparer z. B. bis zu 2.000 DM innerhalb von 30 Tagen von seinem Konto abheben. Größere Geldbeträge müssen mit einer Frist von 3 Monaten gekündigt werden. Ist die Kündigungsfrist länger als 1 Jahr, besteht zunächst eine gesetzliche Kündigungsfrist von 6 Monaten ab dem Tag der Einzahlung. Braucht der Sparer sein Geld vorher, gibt es Ausnahmeregelungen. Nach dem Kreditwesengesetz sind dann Vorschußzinsen zu erheben. Sie können jedoch erlassen werden bei einer wirtschaftlichen Notlage oder einer anderen außergewöhnlichen Situation.

Außerdem wird das Kreditinstitut keine Vorschußzinsen berechnen, wenn der Anleger sein Geld beim selben Institut auf ein anderes Sparkonto mit einer zumindest gleichlangen Kündigungsfrist oder auf ein Bausparkonto einzahlt.

Das Sparkonto wirft Zinsen und Zinseszinsen ab. Beim Sparen mit gesetzlicher Kündigungsfrist wird lediglich ein Spareckzins vergütet. Dieser liegt z. Z. bei 3% pro Jahr. Die Anlage auf einem Sparkonto mit gesetzlicher Kündigungsfrist empfiehlt sich nur in den Fällen, in denen das Kapital schnell verfügbar sein muß.

Rendite kommt erst an zweiter Stelle

In der Regel ist das Kontensparen von der Rendite her nicht so interessant. Im Vergleich zu festverzinslichen Wertpapieren und anderen Anlageformen büßt der Sparbuchinhaber in der Regel Zinsen ein.

Andererseits steigen mit der Länge der Kündigungsfrist die Zinssätze und damit auch die Renditen.

Das Kontensparen ist kostengünstig. Für die Führung eines Sparkontos werden keine Gebühren berechnet.

Will ein Sparer bei einer Sparanlage mit gesetzlicher Kündigungsfrist über 2.000 DM hinaus oder bei einer längeren Kündigungsfrist vorzeitig über seine Spareinlage verfügen, berechnet das Kreditinstitut Vorschußzinsen von mindestens ¼ der Habenzinsen.

1.2 Besondere Sparformen bieten sich an

Kreditinstitute bieten auch besondere Sparformen an und tragen damit den individuellen Bedürfnissen der Anleger Rechnung.

Spar-Dauerauftrag

Beim Spar-Dauerauftrag legt der Anleger den Betrag fest, der regelmäßig von seinem Girokonto auf sein Sparbuch eingezahlt werden soll. Wie bei anderen Daueraufträgen auch, wird der Sparbetrag bald zu einem festen Haushaltsposten, den der Sparer fast nicht mehr spürt. Sein Sparguthaben wächst von Monat zu Monat. Der Spar-Dauerauftrag kann jederzeit erhöht, verringert oder beendet werden.

Plussparen

Beim Plussparen wird auf ein Sparbuch der Betrag umgebucht, der auf einem Girokonto des Sparers übrig ist. Der Vorteil besteht darin, daß der Anleger für die umgebuchten Beträge höhere Zinsen als für Guthaben auf dem Girokonto erzielt. Den Zeitpunkt für die Umbuchung kann der Sparer selbst bestimmen; ebenso den Höchstbetrag, der von seinem Girokonto umgebucht werden soll. Ist zum Umbuchungszeitpunkt kein Geld auf dem Girokonto, entfällt die Umbuchung. Trotzdem läuft auch in diesem Fall der Plus-Sparauftrag weiter.

Zuwachssparen bringt höhere Zinsen

Das Zuwachssparen ist ein Sparen mit steigendem Zins. Der Sparer zahlt für eine vorher vereinbarte Vertragsdauer, in der Regel drei bis fünf Jahre, einen bestimmten Betrag ein, mindestens 3.000 DM. Bei Vertragsabschluß wird ein fester und außerdem ein jährlich steigender Zinssatz vereinbart. Zuwachssparen wird vor allem denjenigen Sparern empfohlen, die eine höhere Verzinsung mit der Sicherheit eines Sparbuches verbinden wollen. In den meisten Fällen kann der Sparer bereits nach einem Jahr über sein Guthaben verfügen, wenn er eine Kündigungsfrist von drei Monaten einhält.

Prämiensparen ist auch eine Möglichkeit

Das Prämiensparen ist eine besondere Form des Ratensparens mit fest vereinbarten Sparleistungen. Diese sind 6 Jahre lang regelmäßig zu erbringen. Nach dem sich daran anschließenden Ruhejahr kann der Sparer über seine Einlage verfügen. Am Ende der Vertragsdauer erhält er darüber hinaus von der Bank einmalig 14% Prämie, die an keine Einkommensgrenze gebunden ist. Sie steht ihm neben seinem Sparkapital, den Zinsen und

Zinseszinsen zur Verfügung. Prämiensparen ist bereits mit monatlich 30 DM möglich.

Versicherungssparen, Sparkonto und Versicherungsschutz

Das Sparkonto mit Versicherungsschutz sichert die langfristige finanzielle Vorsorge mit einer Risiko-Lebensversicherung ab. Stirbt der Sparer während der Vertragsdauer, wird die Differenz zwischen dem angestrebten Sparziel und dem bislang angesparten Betrag von der Lebensversicherung gezahlt und damit für die Hinterbliebenen das Sparziel erreicht.

Als Versicherungsleistung gilt der vom Sparer während der Vertragsdauer angesparte Betrag. Die Sparraten werden durch den gleichzeitigen Abschluß einer Todesfallrisikoversicherung mit monatlich fallenden Versicherungsprämien abgesichert. Aufgrund dieser Versicherung ist immer der Betrag abgesichert, den der Sparer bis zum Vertragsende noch auf den Sparvertrag einzahlen müßte, um das Sparziel zu erreichen.

Die Versicherungsprämie ermäßigt sich darüber hinaus dadurch, daß vielfach die Gewinnanteile des Versicherers zur Beitragsermäßigung verwendet werden. Diese Ermäßigung kann jährlich bis zu 40% betragen.

Das Sparkonto mit Versicherungsschutz kann zum Aufbau einer zusätzlichen Altersversorgung verwendet werden oder der Ausbildungsfinanzierung von Kindern und Enkeln dienen. Die Höhe der Prämie richtet sich nach der Vertragsdauer. Je länger diese ist, desto höher ist die Prämie. Die Dauer liegt zwischen 8 und 25 Jahren, die Sparleistung beträgt mindestens 50 DM pro Monat. Steuerlich können Prämien zur Risiko-Lebensversicherung gegebenenfalls als Sonderausgaben abgesetzt werden.

Während der Vertragsdauer gilt im allgemeinen eine vierjährige Kündigungsfrist, die 4 Jahre vor Vertragsende auf eine 3¼jährige Kündigungssperrfrist mit anschließender dreimonatiger Kündigungsfrist umgestellt wird.

Sparen nach einem Renta-Plan

Das Sparen nach einem sogenannten Renta-Plan dient der Erreichung eines späteren Zusatzeinkommens oder der Sicherung der Ausbildung von Kindern oder Enkeln.

Bei diesem Sparmodell legt der Sparer einen einmaligen Geldbetrag von mindestens 20.000 DM zu einem festen Zinssatz für einen überschaubaren Zeitraum, mindestens jedoch für 4 Jahre an.

Aus diesem Kapitalstock erhält er monatlich Zahlungen entweder in Form von Auszahlungen der Zinsen oder als Zahlungen unter Aufzehrung des

Kapitals. Die Höhe des monatlichen Zusatzeinkommens bestimmt der Anleger also selbst.

1.3 Termineinlagen für Leute, die sich nicht lange binden wollen

Termineinlagen sind Spargelder, die für einen überschaubaren und befristeten Zeitraum, meistens für 1, 3, 6 oder 9 Monate und bis zu einem von Anfang an bestimmten Termin, festgelegt werden. Danach sind sie fällig und frei verfügbar. In Ausnahmefällen kann auch vorzeitig verfügt werden, allerdings in der Regel um den Preis einer Zinskürzung.

Termingelder erfordern die laufende Beobachtung des Zinsangebotes und häufiges Disponieren. Bei einer Daueranlage als Termingeld können sich Zinsschwankungen oftmals ausgleichen.

Bei **Termineinlagen** unterscheidet man zwischen Festgeldern und Kündigungsgeldern. Bei den Festgeldern wird die Einlage zu einem im voraus bestimmten Termin fällig und steht danach dem Anleger zur Verfügung. Benötigt er das Geld nicht, kann er eine Verlängerung der Anlage vereinbaren. **Kündigungsgelder** werden dagegen erst fällig, nachdem sie entsprechend der vereinbarten Frist gekündigt worden sind.

Termineinlagen sind risikolos. Der Schuldner haftet mit seinem gesamten Vermögen, der Gewährträger mit seinem Vermögen und Steueraufkommen. Insoweit besteht für den Anleger kein Kapital-, Zinsausfall- und Kursrisiko.

Termineinlagen bringen in der Regel, wie das Kontensparen, nur geringe Renditen. Hinzu kommt, daß bei kurzfristigen Termineinlagen die Zinsen erheblichen Schwankungen unterliegen können, weil sie sich am Geldmarkt orientieren.

1.4 Der Sparbrief ist ein Zwitter

Sparbriefe liegen zwischen Spareinlagen und börsennotierten festverzinslichen Wertpapieren. Ihre Ausstattung, Stückelung, Laufzeit und Verzinsung werden von den Marktüberlegungen der ausgebenden Kreditinstitute bestimmt. Sparbriefe sind eine Geldanlage ohne Risiko, die dem Anleger den Vorteil höherer Zinserträge bietet.

Der Sparbrief wird auf den Namen des Sparers oder auch zugunsten eines Dritten ausgestellt (= Namensschuldverschreibung). Er lautet über einen festen DM-Betrag und wird üblicherweise mit Nennwerten von 100 DM, 500 DM, 1.000 DM, 5.000 DM und 10.000 DM angeboten.

Die Zinssätze werden für die gesamte Laufzeit fest vereinbart. In der Regel beträgt die Laufzeit vier, fünf oder sechs Jahre. Im Unterschied zu festverzinslichen Wertpapieren werden Sparbriefe nicht an der Börse gehandelt. Es gibt also weder ein Kursrisiko noch fallen Börsenkosten oder Depotgebühren an.

Ein Sparbrief kann abgetreten oder beliehen werden. Unterscheiden Sie bitte zwischen fünf Anlageformen:

Der verzinsliche Sparbrief (Typ V)

Der normalverzinsliche Sparbrief wird in Höhe des Anlagebetrags ausgegeben, bei Fälligkeit der gleiche Betrag zurückgezahlt. Die Zinsen werden jährlich oder halbjährlich gutgeschrieben.

Legt ein Anleger z. B. 10.000 DM für 4 Jahre zu einem Zinssatz von 7% an, erhält er jährlich 700 DM Zinsen, über die gesamte Laufzeit insgesamt 2.800 DM.

Der abgezinste Sparbrief (Typ A)

Beim abgezinsten Sparbrief werden Zinsen für die gesamte Laufzeit sofort vergütet und vom Anlagebetrag des Sparbriefs abgezogen. Der Anleger zahlt also weniger als den Anlagebetrag. Der Unterschied zwischen dem Kaufpreis und dem Anlagebetrag ist sein Gewinn.

Bei der Anlage von 10.000 DM zu einem Zinssatz von 7% und einer Laufzeit von 6 Jahren bedeutet dies, daß der Anleger bei einem abgezinsten Sparbrief (Typ A) lediglich 6.663,42 DM aufbringen muß, nach Ablauf der 6 Jahre jedoch den vollen Nennwert von 10.000 DM ausbezahlt erhält.

Der abgezinste Sparbrief hat insoweit also Ähnlichkeit mit den Zerobonds, denn auch bei diesen Papieren werden die Zinsen erst am Ende der Laufzeit zusammen mit dem Kapital ausgezahlt. Im Unterschied zu Zerobonds unterliegen Sparbriefe jedoch keinem Kursrisiko und keinen Börsenkosten.

Da der gesamte Wertzuwachs erst am Ende der festgesetzten Laufzeit der Einkommensteuer unterliegt, kann der Anleger die Laufzeit so wählen, daß der Sparbrief erst dann ausgezahlt wird, wenn er mit geringeren steuerlichen Einkünften rechnen kann (z. B. nach Eintritt in den Ruhestand).

Der aufgezinste Sparbrief (Typ AG)

Beim aufgezinsten Sparbrief werden die jährlichen Zinsen, anders als beim abgezinsten Sparbrief, dem Kapital zugeschlagen und am Ende der Laufzeit mit dem Kapital ausgezahlt.

Der Ratensparbrief (Typ R)

Ratensparbriefe werden mit Laufzeiten von vier und fünf Jahren und ab je 5.000 DM angeboten.

Der Anleger erhält sein Geld nicht erst am Ende der Laufzeit zurück, sondern bereits nach Ablauf eines Jahrs in vier oder fünf gleichen Raten zusammen mit den angesammelten Zinsen.

Der Wachstumssparbrief (Typ W)

Beim Wachstumssparbrief erhält der Anleger einen Zinssatz zugesprochen, der während der Laufzeit jährlich ansteigt.

Der Wachstumssparbrief kann am Ende eines Halbjahrs gekündigt werden. Dies ermöglicht dem Anleger, bei steigenden Kapitalmarktzinsen gegebenenfalls eine andere Anlageart zu wählen. Durch den steigenden Zinssatz erreicht der Anleger die Höchstrendite nur dann, wenn er die ursprünglich vereinbarte Anlagedauer einhält.

1.5 Sparkassenobligationen sind marktgängig

Sparkassenobligationen werden üblicherweise in Stücken zu 1.000 DM, 5.000 DM oder 10.000 DM angeboten. Die Laufzeiten betragen in der Regel ein bis 10 Jahre. Sie können unter oder über dem Nennwert (100%) ausgegeben werden. Bei Fälligkeit erfolgt eine Rückzahlung zum Nennwert. Die Verzinsung allerdings kann unterschiedlich sein.

- **Normalverzinsliche Obligationen** werden in Höhe des Ausgabewerts erworben, die Rückzahlung beträgt 100%. Zinsen werden jährlich oder halbjährlich ausgezahlt.

- Beim Kauf von **abgezinsten Obligationen** zahlt der Anleger einen Betrag, der dem Nennwert, abzüglich der Summe aller Zinserträge für die gesamte Laufzeit, entspricht. Bei Fälligkeit der Obligationen wird der Nennbetrag (100%) zurückgezahlt.

- **Aufgezinste Obligationen** erwirbt der Anleger zum Ausgabewert. Die Zinsen werden während der Laufzeit nicht ausgezahlt, sondern dem Kapital zugeschlagen und mit diesem verzinst. Bei Fälligkeit der Obligation werden Kapital und Zinsen in einer Summe zurückgezahlt.

Sparkassenobligationen werden an der Börse nicht gehandelt, unterliegen also keinem **Kursrisiko**. Die Rückzahlung wird voll durch das Kreditinstitut und die Haftung des Gewährträgers gesichert.

Sparkassenobligationen können weder vom Anleger noch von der Sparkasse gekündigt werden. Nach Ablauf von mindestens 4 Jahren kann der Anleger die Obligationen an das ausgebende Kreditinstitut zurückgeben. Zurückgenommene Obligationen werden vom Kreditinstitut zu einem festgesetzten Rücknahmepreis, dem Hauskurs, abgerechnet. Dieser ist am Kurs börsenfähiger, festverzinslicher Wertpapiere mit vergleichbarer Restlaufzeit angelehnt.

Die **Rendite** der Sparkassenobligationen hängt von ihrer Laufzeit ab. Je länger die Laufzeit ist, desto höher ist in der Regel der feste Zinssatz.

Ankaufs-, Verkaufs- und Verwahrungskosten fallen nicht an. Wird eine Obligation vorzeitig zurückgegeben, ist allerdings **Börsenumsatzsteuer** in Höhe von 1‰ des Kurswerts zu zahlen. Im Unterschied zum Sparbrief sind die Sparkassenobligationen übertragbar und damit marktgängig.

Was steuerlich zu beachten ist

Zinsen aus Spareinlagen bei Kreditinstituten unterliegen als Zinsen aus sonstigen Kapitalforderungen der Einkommensteuer (§ 20 Abs. 1 Nr. 7 EStG) und sind vom Steuerzahler in seiner Einkommensteuererklärung grundsätzlich anzugeben.

Bei der Ermittlung der Einkünfte aus Kapitalvermögen werden jedoch der Sparerfreibetrag und mindestens die Werbungskosten-Pauschale abgezogen. Unter Berücksichtigung der Freibeträge von 700 DM für Alleinstehende (600 DM Sparerfreibetrag ab 1989, 100 DM Werbungskosten-Pauschale) sowie von 1.400 DM für zusammenveranlagte Ehegatten (1.200 DM Sparerfreibetrag ab 1989, 200 DM Werbungskosten-Pauschale) bleiben z. B. bei einer Verzinsung von 5% bei Alleinstehenden Zinsen aus einem Kapitalvermögen von 14.000 DM, bei zusammenveranlagten Ehegatten Zinsen aus einem Kapitalvermögen von 28.000 DM steuerfrei.

Zu den steuerpflichtigen Zinsen gehören auch andere Nutzungsentgelte, die für die Kapitalüberlassung gezahlt werden, unabhängig davon, wie sie bezeichnet werden; z. B. die Prämie beim Prämiensparen.

● Beim Sparen nach einem **Renta-Plan** sind die Auszahlungen aus dem einmalig angelegten Kapital steuerfrei, die am Ende eines Jahrs gutgeschriebenen Zinsen dagegen in der Einkommensteuererklärung anzugeben.

● Beim **Versicherungssparen** können Beiträge zur Risiko-Lebensversicherung unter den Voraussetzungen des § 10 Abs. 1 Nr. 2b EStG als Sonderausgaben steuerlich abgesetzt werden, soweit der Anleger den Höchstbetrag noch nicht ausgeschöpft hat.

● Steuerliche Besonderheiten gilt es bei **Sparbriefen** und **Sparkassenobligationen** festzuhalten:

— Beim **verzinslichen Sparbrief** (Typ V) wird vom Anleger der Nennbetrag eingezahlt und die Zinsen werden halbjährlich oder jährlich gutgeschrieben, so daß der Sparer auch hierüber verfügen kann. Die Zinsen gehören deshalb, wie bei der normalen Sparanlage, für das Kalenderjahr zu den steuerpflichtigen Kapitaleinkünften, für welches sie gutgeschrieben werden.

— Beim **abgezinsten Sparbrief** (Typ A) zahlt der Anleger dagegen nur den abgezinsten Betrag ein, der Sparbrief wird aber gleichwohl auf den Nennbetrag ausgestellt. Der jährliche Zinszuwachs wird zwar auf dem Sparbrief ausgewiesen, dennoch kann der Anleger erst bei Einlösung des Sparbriefs darüber verfügen. Da der Sparbrief während der Laufzeit unkündbar ist, kann er erst bei Fälligkeit eingelöst werden. Dies hat steuerlich zur Folge, daß die Zinsen für die gesamte Laufzeit des Sparbriefs erst im Jahr der Einlösung zu versteuern sind. Die dann zu versteuernden Zinsen entsprechen der Differenz zwischen dem Auszahlungs- und dem Einzahlungsbetrag.

  Schwierigkeiten ergeben sich jedoch, wenn der Anleger den Sparbrief während der Laufzeit veräußert. In diesem Fall sind nur die während der Besitzzeit aufgelaufenen Zinsen zu versteuern (§ 20 Abs. 2 EStG).

— Was für den abgezinsten Sparbrief gilt, gilt auch für den **aufgezinsten Sparbrief** (Typ AG), bei dem die jährlichen Zinsen, anders als beim abgezinsten Sparbrief, dem Kapital zugeschlagen und am Ende der Laufzeit mit dem Kapital ausgezahlt werden. Die Zinsen für die gesamte Laufzeit des Sparbriefs (= Unterschied zwischen Nennwert und ausgezahltem Betrag) sind erst im Jahr der Einlösung zu versteuern.

— Die Besteuerung von **Sparkassenobligationen** richtet sich nach ihrer Form. Die Zinserträge normalverzinslicher Obligationen sind als Einkünfte aus Kapitalvermögen jährlich zu versteuern. Bei aufgezinsten und abgezinsten Sparkassenobligationen sind, wie bei den Sparbriefen, die Zinserträge erst am Ende der Laufzeit zu versteuern. Dies ist für solche Anleger vorteilhaft, die im Jahr der Fälligkeit mit einem niedrigeren zu versteuernden Einkommen rechnen können.

2 Festverzinsliche, börsengängige Wertpapiere

Festverzinsliche Wertpapiere sind Schuldverschreibungen, die der längerfristigen Geldanlage dienen. Besonders kennzeichnend sind fest vereinbarte, gleichbleibende Zinserträge. Sie werden an der Börse gehandelt. Im Unterschied zu Aktien, die einen Anteil an einer Gesellschaft verbriefen, lauten sie auf eine bestimmte Geldschuld. Diese hängt jeweils von der Stückelung der Papiere ab und beträgt mindestens 100 DM.

Festverzinsliche Wertpapiere werden nach Ablauf eines bestimmten Zeitraums eingelöst. Während früher Laufzeiten bis zu 40 Jahren nicht selten waren, gelten heute bereits Laufzeiten von 10 Jahren als langfristig.

2.1 Die Angebotspalette ist groß

2.1.1 Pfandbriefe...

sind festverzinsliche, in der Regel auf den Inhaber ausgestellte Wertpapiere. Sie werden von Realkreditinstituten wie Landesbanken, öffentlich-rechtlichen Grundkreditanstalten oder privaten Hypothekenbanken ausgegeben und sind durch das Gesamtvermögen des jeweiligen Realkreditinstituts sowie durch Grundpfandrechte, die auf Grundstücken und Gebäuden lasten und vom Kreditinstitut beliehen wurden, abgesichert. Sie sind mündelsicher, ihre Ausgabe muß staatlich genehmigt werden.

2.1.2 Kommunalobligationen...

sind Schuldverschreibungen. Sie dienen der Beschaffung von Darlehen für Kommunen und andere öffentlich-rechtliche Körperschaften. Auch sie sind mündelsicher, da durch das Vermögen der Kommunen und öffentlich-rechtlicher Körperschaften sowie durch Forderungen gegen die Darlehensnehmer abgesichert.

Hinter den Kommunalobligationen steht die Ertrags- und Steuerkraft von Bund, Ländern, Gemeinden und Gemeindeverbänden sowie anderer öffentlich-rechtlicher Körperschaften.

Den Pfandbriefen und Kommunalobligationen verwandt sind Landesbodenbriefe, Landwirtschaftsbriefe, Rentenschuldverschreibungen und Schiffspfandbriefe.

2.1.3 Öffentliche Anleihen...

sind im wesentlichen Schuldverschreibungen des Bundes, der Länder, der Gemeinden, der Bundesbahn und der Bundespost. Rückzahlung und Verzinsung sind auch bei diesen Papieren durch das gegenwärtige und zukünftige Vermögen des Ausstellers und dessen Ertrags- und Steuerkraft garantiert.

2.1.4 Industrieobligationen...

sind Anleihen privater Unternehmen, insbesondere von Großunternehmen mit anerkannter Kreditwürdigkeit. Die Rückzahlung der Industrieanleihen wird in der Regel durch Sicherungsübereignung langlebiger Wirtschaftsgüter und die Verpfändung von Grundstücken und Gebäuden gesichert.

Geht ein Unternehmen in Konkurs, werden aus dem Restvermögen zuerst die Inhaber von Industrieobligationen entschädigt. Erst danach werden andere Gläubiger und Aktionäre befriedigt.

2.1.5 Wandelanleihen

Unter Wandelanleihen versteht man Teilschuldverschreibungen, bei denen neben der festen Verzinsung ein Recht auf Umtausch in Gesellschaftsanteile eingeräumt worden ist. Kennzeichnend für die Wandelanleihe ist das Umtauschrecht des Gläubigers in Aktien des Emittenten. Die Umtauschbedingungen müssen bei der Ausgabe der Wandelanleihe feststehen. Mit dem Umtausch (der Wandelung) erlischt das Forderungsrecht, und es wird ein Gesellschaftsverhältnis mit dem (ehemaligen) Anleihezeichner begründet.

Wandelanleihen können für Anleger interessant sein, weil sie Kurssteigerungen der Aktien zwar mitmachen, einen Kursverfall jedoch nur soweit, bis sie von der Verzinsung her wieder interessant sind. Hierdurch wird das Risiko einer Wandelanleihe, die zu einem Kurs von 100% an der Börse erworben wurde, auf die Differenz zwischen der Verzinsung der Wandelanleihe und anderer Anleihen begrenzt.

Im Unterschied zu Optionsanleihen (s. unten) wird bei Wandelanleihen nur selten ein Aufgeld, sondern in der Regel ein Disagio erhoben. Außerdem erfolgt bei Wandelanleihen zumindest dann keine Berechnung von Stückzinsen, soweit dies bei Berechnung des Wandlungspreises entsprechend berücksichtigt worden ist.

2.1.6 Optionsanleihen

Optionsanleihen unterscheiden sich von Wandelanleihen. Das Recht zum Bezug der Aktien ist nicht im Anleihepapier selbst enthalten, sondern besteht daneben gesondert. Optionsanleihen lauten, wie normale Anleihen, auf einen bestimmten Währungsbetrag und bringen eine feste Verzinsung. Von den (normalen) festverzinslichen Wertpapieren unterscheiden sie sich dadurch, daß ihnen Optionsscheine (warrants) beigefügt sind.

Optionsscheine gewähren das Recht, Aktien oder Anleihen der ausgebenden Gesellschaft zu einem bestimmten Kurs (Optionspreis) in einem bestimmten Verhältnis (Optionsverhältnis) und innerhalb einer bestimmten Frist (Optionsfrist) zu beziehen.

Im Gegensatz zu Wandelanleihen, bei denen mit der Wandelung in Aktien die festverzinslichen Wertpapiere und damit auch die Zinseinnahmen verlorengehen, bleiben sie auch nach Ausübung der Option bestehen. Damit ermöglichen die Optionsanleihen dem Anleger die Realisierung von Kursgewinnen aus der Anleihe einerseits und aus dem anhängenden Optionsschein andererseits. Die Optionsanleihe verbindet also in attraktiver Weise die Merkmale einer Anleihe und einer Aktie miteinander.

Nach Börseneinführung kann der Anleger wählen, ob er

- die Anleihe mit Optionsschein und damit ein festverzinsliches Wertpapier kauft (dessen Kursbildung durch Zinsänderung und Kursschwankungen der Aktie beeinflußt wird) oder
- die Anleihe ohne Optionsschein und damit ein festverzinsliches Wertpapier ohne Sonderrechte kauft (dessen Kurs sich allein nach dem Renditeniveau vergleichbarer Emissionen am Markt bildet) oder
- nur den Optionsschein kauft (dessen Kurs sich am Aktienmarkt orientiert).

Der Inhaber eines Optionsscheins muß spätestens gegen Ende der Laufzeit von seinem Optionsrecht Gebrauch machen und die Aktien beziehen. Durch den Bezug der Aktie hat er neues Grundkapital mit einem relativ hohen Agio, was bei einer normalen Kapitalerhöhung nicht die Regel ist.

Für den Anleger ist vor allem die Hebelwirkung des Optionsscheins interessant: Sie bewirkt, daß die Kurse der Optionsscheine stärkeren Schwankungen unterliegen, als die der Aktie (Optionsschein als interessantes Spekulationsobjekt).

Bei seinem Erwerb hat der Anleger das Kurspotential der Aktie sowie das Aufgeld zu berücksichtigen (Aufgeld = der Betrag, um den der Bezug der Aktie über den Optionsschein zur Zeit noch teurer ist als der direkte Kauf zum Tageswert). Mit dem Aufgeld bezahlt der Anleger das Recht, die Aktie über einen bestimmten, meist längeren Zeitraum zu einem festen Kurs zu erwerben. Das Aufgeld ist um so höher, je größer das Kurspotential der Aktie und je länger die Laufzeit des Optionsscheins ist.

2.1.7 Zero-Bonds (Null-Prozent-Anleihen) . . .

sind ihrer Natur nach mit abgezinsten Sparbriefen vergleichbar. Sie unterscheiden sich von diesen dadurch, daß sie börsennotiert sind und damit einen Markt haben.

Zero-Bonds werden ebensowenig fest und laufend verzinst wie abgezinste Sparbriefe. Die vom Anleger zu erzielende Rendite besteht aus dem Unterschied zwischen dem Ausgabekurs und der Rückzahlung zum Nominalwert.

Liegt der Ausgabekurs weit unter dem Nominalwert, kann der vom Anleger erzielbare Rückzahlungsgewinn so hoch sein, daß sich daraus eine Rendite ergibt, die mit der anderer Emissionen mit Zinscoupon vergleichbar ist.

Vorteilhaft ist eine Anlage in Zero-Bonds vor allem wegen des fehlenden Kündigungsrisikos, der Kursdynamik bei einer Änderung der Situation auf dem Kapitalmarkt sowie des fehlenden Wiederanlagezwangs der Zinserträge. Mit dem Erwerb von Zero-Bonds sichert sich der Anleger eine hohe Rendite für die gesamte Laufzeit.

Auf der anderen Seite ist der Erwerb von Zero-Bonds für solche Anleger nicht sinnvoll, die auf laufende Erträge aus ihrem Vermögen angewiesen sind.

Auch ein Verkauf von Zero-Bonds kann wegen einer zu erzielenden höheren Rendite interessant sein. Dies gilt vor allem in Zeiten fallender Zinsen, in denen der Anleger durch den Verkauf seiner Zero-Bonds Kursgewinne realisieren kann. Diese sind durch die Hebelwirkung um ein Vielfaches höher als z. B. bei einer Schuldverschreibung mit Zinscoupon. So steigt z. B. bei einer Schuldverschreibung mit einem 12%igen Zinsschein und einer Laufzeit von 10 Jahren bei einem Zinsrückgang von 12% auf 9% diese um 19%, ein Zero-Bond dagegen um mehr als 31%.

Beim Erwerb von Zero-Bonds muß unbedingt auf die Bonität des Emittenten geachtet werden, da dieser bei Fälligkeit nicht nur das Kapital an den Inhaber der Zero-Bonds zurückzahlen muß, sondern darüber hinaus auch die über die gesamte Laufzeit angesammelten Zinsen.

Bei US-Schuldnern wird die Beurteilung dadurch erleichtert, daß die Bonität durch das sogenannte Rating in Bonitätsgrade eingeteilt ist. Der Anleger kann sich im Zweifel für einen Schuldner entscheiden, der von den meisten amerikanischen Ratinginstituten mit dem Bonitätsgrad AAA oder AA bedacht worden ist. Selbst bei einer solchen Einordnung sollte der Anleger sich bei Zero-Bonds mit längeren Laufzeiten in bestimmten Zeitabständen vergewissern, ob diese Einordnung noch gültig ist. Bei wesentlichen Herabstufungen ist oft ein rascher Verkauf der Zero-Bonds angebracht.

Am günstigsten erwirbt man Zero-Bonds in einer Hochzinsphase. Hierdurch kann der Anleger sich hohe Renditen auch über eine Niedrigzinsphase hinweg erhalten.

2.1.8 Genußrechte . . .

(Genußscheine) bringen dem Anleger lediglich einen Zinsanspruch, der in der Regel an die Dividendenausschüttung angebunden ist. Anders als z. B. die Aktie gewährt ein Genußrecht kein Stimmrecht und keinen Anteil am Liquidationserlös. Genußscheine können nicht nur von Aktiengesellschaften, sondern auch von Gesellschaften mit beschränkter Haftung ausgegeben werden, welche sich auf diese Weise Mittel der Eigenfinanzierung verschaffen. Verbindliche gesetzliche Regelungen gibt es für die Ausgabe von Genußrechten nicht.
Genußrechte können mit den Aktien verglichen werden, soweit sie börsennotiert sind und ein Umtauschrecht zu festgelegten Konditionen in Aktien gewähren. Ist ein Umtauschrecht dagegen ausgeschlossen und die Aus-

schüttung an die Dividendenhöhe angebunden, sind Genußrechte mit Gewinnschuldverschreibungen vergleichbar.

2.1.9 Gewinnobligationen...

sind Teilschuldverschreibungen (§ 43 Abs. 1 Nr. 2 EStG), bei denen neben der festen Verzinsung eine Zusatzverzinsung eingeräumt ist, die sich nach der Höhe der Gewinnausschüttung des Schuldners richtet.

Nicht zu den Gewinnobligationen gehören Teilschuldverschreibungen, bei denen der Zinssatz nur vorübergehend herabgesetzt und gleichzeitig eine vom jeweiligen Gewinnergebnis des Unternehmens abhängige Zusatzverzinsung bis zur Höhe des ursprünglichen Zinssatzes festgesetzt wird. In diesem Fall wird keine Zusatzverzinsung, sondern lediglich eine Stundung durch den Gläubiger hinsichtlich des Unterschieds zwischen dem ursprünglich festen Zinssatz und dem vorübergehend festgesetzten Zinssatz angenommen.

Gewinnobligationen werden als auf den Namen lautendes Papier ausgegeben, um eine Genehmigungspflicht (§§ 795/808a BGB) zu vermeiden. Regelmäßig wird eine Einlösung zum Nennwert versprochen. Problematisch ist die Verzinsung. Es kann ein gewinnabhängiger Mindestzins vereinbart (bei Sparkassen-Gewinnobligationen z. B. in Höhe des bei Ausgabe der Obligationen geltenden Zinssatzes für Spareinlagen) oder eine vom Spareckzins unabhängige Zinsvereinbarung getroffen werden.

2.1.10 Und die Steuer?

Kapitalertragsteuer in Höhe von 25% wird abgezogen von Kapitalerträgen im Sinn von § 43 Abs. 1 Nr. 2 EStG. Hierunter fallen Zinsen aus Teilschuldverschreibungen, bei denen neben der festen Verzinsung ein Recht auf Umtausch in Gesellschaftsrechte eingeräumt ist.

Im einzelnen sind es folgende:

- Zinsen aus **Wandelanleihen**. Gewinne aus der Veräußerung von Wandelanleihen im Privatvermögen sind als Spekulationsgewinne (§ 23 EStG) steuerpflichtig, wenn sie innerhalb eines sechsmonatigen, zwischen Anschaffung und Veräußerung liegenden Zeitraums realisiert werden und insgesamt 1.000 DM oder mehr im Kalenderjahr betragen.
- Zinsen aus **Gewinnobligationen**. Das Gesagte gilt nicht, soweit diese als tarifbesteuerte Anlagen eingestuft werden.
- Zinsen aus **Genußrechten**.

Für die übrigen aus festverzinslichen Wertpapieren erzielten Zinserträge gilt grundsätzlich, daß sie nicht vorweg dem 25%igen Kapitalertragsteuerabzug unterliegen, sondern als Einkünfte aus Kapitalvermögen (= sonstige Kapitalforderung nach § 20 Abs. 1 Nr. 7 EStG) zu versteuern und in der Einkommensteuererklärung zu deklarieren sind. Hierunter fallen Zinsen aus Anleihen, Pfandbriefen und Schuldverschreibungen, soweit sie nicht steuerfrei sind.

Veräußerung eines Zinsscheins

Wird ein Zinsschein ohne das dazugehörende festverzinsliche Wertpapier veräußert, gehören die bei der Veräußerung erzielten Einnahmen zu den steuerpflichtigen Einkünften aus Kapitalvermögen. Dasselbe gilt für die Einnahmen aus der Abtretung von Zinsansprüchen, wenn die dazugehörende Kapitalforderung nicht in Wertpapieren verbrieft ist, z. B. bei Schuldbuchforderungen (§ 20 Abs. 2 Nr. 2b EStG), und diese nicht gleichzeitig mit abgetreten wird.

Steuerfragen bei Zero-Bonds

Wie beim abgezinsten Sparbrief kann auch bei Zero-Bonds erst am Ende der Laufzeit über das Kapital sowie die angesammelten Zinserträge verfügt werden. Also ist auch der Zinsertrag erst am Ende der Laufzeit zu versteuern.

Während der Laufzeit steigt der Kurs an, bei Zinsrückgängen sogar überproportional. Steigen die Zinsen an, können die Kurse aber auch vorübergehend fallen. Am Ende der Laufzeit erhält der Anleger den Nennwert seiner Anteile zurück. Den Diskont (die Differenz zwischen Kauf- und Rückgabepreis) hat er als Kapitalertrag zu versteuern (§ 20 Abs. 1 Nr. 7 EStG). Gewinne und Verluste aus Kursschwankungen sind für die Berechnung des steuerpflichtigen Zinsertrags unbeachtlich.

Veräußert ein Anleger seine Zero-Bonds während der Laufzeit also vorzeitig, so erhält er das Entgelt für die Zero-Bonds nicht entsprechend dem Emissionskurs, sondern nach dem Kurs, der sich auf den Zeitpunkt der Veräußerung einschließlich der bis dahin aufgelaufenen Zinsen ergibt. Diesen Zinsertrag hat der Steuerzahler mit dem Betrag der Einkommensteuer zu unterwerfen, der rechnerisch auf die Zeit entfällt, in der er das Wertpapier besaß.

Ist der Veräußerungspreis niedriger als der Ausgabepreis, zuzüglich der rechnerisch bis zum Veräußerungszeitpunkt ermittelten Zinsen, sind diese Zinsen der Besteuerung gleichwohl zugrunde zu legen. Der Verlust wird nämlich dem Kapitalstamm zugerechnet und ist einkommensteuerrechtlich unbeachtlich. Dasselbe gilt für den Teil des Veräußerungserlöses, der den

Ausgabepreis, zuzüglich der rechnerisch bis zum Veräußerungszeitpunkt ermittelten Zinsen, übersteigt. Der tatsächlich erzielte Verkaufspreis ist unerheblich, weil er sich aus einem steuerwirksamen Zinsanteil und einem steuerunwirksamen Vermögensanteil zusammensetzt. Kursschwankungen wirken sich nur auf den Vermögensanteil aus.

Kreditinstitute stellen den Anlegern entsprechende Rückzahlungstabellen zur Verfügung.

Was ist mit den Steuern bei Stückzinsen?

Stückzinsen sind Zinsen, die der Erwerber dem Veräußerer für die Zeit seit Beginn des laufenden Zinszahlungszeitraums bis zur Veräußerung zu vergüten hat.

Veräußert ein Anleger festverzinsliche Wertpapiere im Laufe eines Zinszahlungszeitraums mit dem laufenden Zinsschein, so hat der Erwerber dem Veräußerer üblicherweise den Zinsbetrag zu vergüten, der auf die Zeit seit Beginn des laufenden Zinszahlungszeitraums bis zur Veräußerung entfällt. Diese Stückzinsen werden nach dem Zinssatz, mit dem das Wertpapier verzinst wird, besonders berechnet und vergütet.

Der Veräußerer hat die Einkünfte aus solchen Stückzinsen als Einkünfte aus Kapitalvermögen zu versteuern (§ 20 Abs. 2 Nr. 3 EStG). Der Erwerber der Wertpapiere braucht demgegenüber die Zinsen, die ihm für diesen Zeitraum ausgezahlt werden, im Ergebnis nicht mehr zu versteuern. Er kann von den Zinsen, die ihm bei Einlösung des Zinsscheins zufließen, das Entgelt absetzen, das er für die Stückzinsen gezahlt hat.

Fallen Zahlung der Stückzinsen und die Fälligkeit der Zinsen für diesen Zeitraum in verschiedene Jahre, können die Stückzinsen im Jahr der Zahlung abgesetzt werden. Soweit Zinsen erst in den folgenden Jahren an den Erwerber ausgezahlt werden, sind diese bei ihm steuerpflichtig. Er kann aber die als Stückzinsen bezahlten Beträge abziehen.

Die vom Erwerber abzuziehenden Stückzinsen sind steuerrechtlich nicht als Werbungskosten anzusehen, sondern als negative Einkünfte mit der Folge, daß diese Beträge den Werbungskosten-Pauschbetrag und den Sparerfreibetrag nicht reduzieren.

Diese Verfahrensweise gilt nur, soweit Stückzinsen bei einem Wertpapier üblicherweise berechnet werden und auch tatsächlich berechnet worden sind. Sie wird nicht angewendet, soweit der Ertrag des Wertpapiers sich auf den Kurswert auswirkt und der Erwerber einen dadurch bedingten höheren Kaufpreis entrichtet hat.

Bei festverzinslichen Wertpapieren, deren Zinsen steuerfrei sind, bleiben auch die vom Erwerber gezahlten Stückzinsen steuerfrei, soweit ihm nach

Abzug der Beträge, die der Veräußerer erhalten hat, von den zugeflossenen Beträgen noch etwas bleibt.

Nicht als Zinsen aus Wertpapieren anzusehen sind sogenannte Minusstückzinsen (= Zinsen, die dem Erwerber von festverzinslichen Wertpapieren für die Zeit von der Einzahlung des Zeichnungsbetrags bis zum Beginn des ersten Zinszahlungszeitraums vergütet werden). Sie bestehen in der Regel in einem Nachlaß auf den Kauf- und Zeichnungspreis und sind deshalb steuerlich als Zinsen für ein Darlehen, das der Erwerber der Wertpapiere dem Emittenten zur Verfügung gestellt hat, anzusehen. Steuerpflichtig sind sie als Zinsen aus einer sonstigen Kapitalforderung (§ 20 Abs. 1 Nr. 7 EStG).

Steuerliche Behandlung von Agio und Disagio

Von einem Agio (Aufgeld) spricht man, wenn der Ausgabekurs über dem Nennwert liegt. Liegt er unter dem Nennwert, handelt es sich um ein Disagio oder Damnum.

Die meisten festverzinslichen Wertpapiere erhalten Anleger nicht zum Nennwert, sondern zu einem Kurs, der geringfügig unter oder über dem Nennwert liegt. Die Ursache dafür: Nominalverzinsungen werden üblicherweise nur in Schritten von ¼% verändert.

Problematisch ist vor allem die Besteuerung des Ausgabedisagios bei Schuldverschreibungen, die zum Privatvermögen gehören.

Das Disagio ist grundsätzlich als besonderes Entgelt für die Nutzung von Kapital im Jahr der Rückzahlung steuerpflichtig (§ 20 Abs. 2 Nr. 1 EStG). Ab 1990 ist klargestellt, daß der Unterschiedsbetrag zwischen dem Erwerbspreis und dem Einlösungsbetrag bei auf- und abgezinsten Wertpapieren und Forderungen (z. B. Nullcouponanleihen, Sparbriefen) wirtschaftlich gesehen Zinscharakter hat und damit zu den Einnahmen aus Kapitalvermögen gehört (§ 20 Abs. 1 Nr. 4 EStG; vgl. BFH, Urteil v. 13. 10. 1987, BStBl 1988 II S. 252 f.).

Aus Vereinfachungsgründen erfaßt die Finanzverwaltung das Disagio einkommensteuerlich nicht, wenn folgende Prozentsätze des Nennbetrags nicht überschritten werden:

Laufzeit:	**Disagio:**	**Laufzeit:**	**Disagio:**
bis 2 Jahre	1%	6-8 Jahre	4%
2-4 Jahre	2%	8-10 Jahre	5%
4-6 Jahre	3%	über 10 Jahre	6%

Ein Disagio ist nur beim Ersterwerber steuerpflichtig, soweit er die Staffelsätze überschreitet. Bei Sparkassenbriefen, die einzeln nach den jeweiligen Kapitalmarktverhältnissen ausgegeben werden, ist eine Feineinstellung des Zinses mittels eines Disagios nicht erforderlich. Insoweit ist ein etwaiges

Emissionsdisagio bei der Einkommenbesteuerung als Einnahme zu erfassen.

Veräußert der Ersterwerber eine Schuldverschreibung während ihrer Laufzeit an einen Zwischenerwerber, so braucht dieser, wenn er sie veräußert oder einlöst, den erzielten Unterschiedsbetrag nicht zu versteuern. Dieser gehört nämlich zur einkommensteuerlich unbeachtlichen Vermögensebene.

Beispiel:
A erwirbt vom Aussteller eine Schuldverschreibung über 50.000 DM für 47.000 DM. Vor Ablauf der Laufzeit von 8 Jahren veräußert A die Schuldverschreibung für 48.000 DM an B. Dieser erhält bei der Einlösung 50.000 DM.

B braucht den bei der Einlösung ihm zugeflossenen Unterschiedsbetrag von 2.000 DM (50.000 DM ./. 48.000 DM) nicht zu versteuern. Auch A braucht den Unterschiedsbetrag nicht zu versteuern, weil er ihm nicht vom Aussteller der Schuldverschreibung, sondern von einem Zwischenerwerber zugeflossen ist.

2.1.11 Auslandsanleihen...

sind festverzinsliche Wertpapiere, die Gesellschaften oder Institutionen auf fremden, ausländischen Kapitalmärkten plazieren. Auch ausländische Emittenten bieten auf dem deutschen Markt Auslandsanleihen an. Dabei handelt es sich in der Regel um große Unternehmen, die über Ländergrenzen hinweg tätig werden, oder um Körperschaften und sonstige Institutionen.

Je nach der Währung, auf die die Anleihen lauten, kann man unterscheiden zwischen DM-Anleihen, Fremdwährungsanleihen, Anleihen mit Währungsoptionen und Anleihen auf Rechnungseinheiten bzw. ECU-Anleihen.

Risiken der Auslandsanleihen

Risiken können sich aus dem Transferrisiko, dem Währungsrisiko und einem besonderen politischen Risiko zusammensetzen.

Das eine oder andere Risiko kann häufig durch eine höhere Rendite ausgeglichen werden. Ob dies bei sogenannten weichen Währungen zutrifft, kann nur im Einzelfall entschieden werden. Eine Abwertung „weicher" Währungen führt im allgemeinen zu einem Substanzverlust.

Tip: Setzen Sie auf Sicherheit, und bevorzugen Sie Anleihen in DM, Yen, Schweizer Franken oder Gulden!

Die Steuer auf Erträge aus Auslandsanleihen

Viele Auslandsanleihen unterliegen im Emissionsstaat mit den Zinsen einem Quellensteuerabzug. Diese Quellensteuer kann entweder zum Teil mit der inländischen Einkommensteuer verrechnet (§ 34c Abs. 1 EStG) oder aufgrund eines Doppelbesteuerungsabkommens unter bestimmten Voraussetzungen im ausländischen Quellenstaat von der dortigen Finanzbehörde zurückgefordert werden.

Achtung: Diese Rückforderung ist in der Praxis häufig mit erheblichem Verwaltungsaufwand verbunden. Diesen kann der Anleger in der Regel nicht selbst leisten, sondern nur unter Mithilfe anderer, z. B. eines depotführenden Kreditinstituts.

Von den Auslandsanleihen unterliegen die auf dem Euromarkt ausgegebenen Euroanleihen (Euromarktmissionen) keiner Quellensteuer oder Couponsteuer. Der Grund: Euroanleihen sind Emissionen, für die weder staatliche Gesetze noch Regelungen nationaler Notenbanken gelten.

Und noch ein Tip:

Darüber hinaus gibt es Auslandsanleihen mit besonderen Steuervorteilen: DM-Auslandsanleihen, die von Entwicklungsländern emittiert worden sind, mit denen die Bundesrepublik Deutschland Doppelbesteuerungsabkommen abgeschlossen hat. Nach diesem Abkommen bekommen deutsche Gläubiger von DM-Auslandsanleihen dieser Staaten eine fiktive Quellensteuer angerechnet (z. B. 20% der Zinsen bei brasilianischen, 15% bei argentinischen Anleihen). Diese günstigen Regelungen bestehen auch im Verhältnis zu Indien, Südkorea und Malaysia.

Anleger dieser DM-Auslandsanleihen haben folgende Vorteile:

- Sie zahlen keine Quellensteuer.
- Bei ihrer Einkommensteuerveranlagung im Inland werden sie so behandelt, als hätten sie im Ausland Quellensteuer bezahlt.
- Tilgungsgewinne sind steuerfrei, wenn zwischen Kauf und Verkauf mehr als 6 Monate liegen.
- In Einzelfällen besteht für Gläubiger die Möglichkeit, die Laufzeit durch Kündigung abzukürzen.

3 Bundesschatzbriefe

Bundesschatzbriefe sind Wertpapiere, die vom Bund ausgegeben werden. Er leiht sich damit Geld. Sie werden in Beträgen von 50 DM, 100 DM und einem Mehrfachen davon ausgegeben. Die Laufzeit beträgt 6 bzw. 7 Jahre.

- Beim **Typ A** erfolgen Erwerb und Rückzahlung in Höhe des Ausgabebetrags. Die Stückelung beträgt 100 DM oder ein Mehrfaches davon, die Laufzeit 6 Jahre. Die Rendite der derzeitigen Bundesschatzbriefe A-Ausgabe 1989/13 beträgt 7,36%. Die Zinsausschüttung erfolgt jährlich nachträglich.
- Bundesschatzbriefe des **Typs B** werden ebenfalls in Höhe des Ausgabebetrags erworben. Die Stückelung beträgt 50 DM oder ein Mehrfaches davon, die Laufzeit 7 Jahre. Die Zinsen werden mit Zinseszinsen angesammelt und zusammen mit dem Kapital bei Fälligkeit des Papiers ausgezahlt. Beim Typ B ergibt sich eine geringfügig höhere Rendite als beim Typ A. Sie beträgt derzeit 7,50%.

  Während der Laufzeit hat der Anleger bei Bundesschatzbriefen des Typs B nur dann Zugriff auf die Zinsen, wenn er den Brief als Ganzes zurückgibt. In diesem Fall sinkt jedoch die Rendite. Eine vorzeitige Rückgabe kann für den Anleger jedoch dann vorteilhaft sein, wenn neuere Bundesschatzbriefe mit einer höheren Rendite ausgegeben werden und hierdurch die Nachteile der vorzeitigen Kündigung ausgeglichen werden können.

Bundesschatzbriefe sind sicher

An der Börse werden sie nicht gehandelt, so daß kein Kursrisiko besteht. Zurückgezahlt werden sie zu 100%. Dafür haftet der Bund mit seinem Vermögen und Steueraufkommen.

Da der Festzins, wie zum Zeitpunkt des Erwerbs vereinbart, während der gesamten Laufzeit steigt, wirken sich Zinsrückgänge im Kapitalmarkt nicht auf die Rendite aus.

Bundesschatzbriefe werden zwar erst nach der festgelegten Laufzeit zurückgezahlt, der Anleger kann sich jedoch nach Ablauf des ersten Jahres monatlich bis zu 10.000 DM zurückgeben lassen.

Beim Kauf von Bundesschatzbriefen fallen weder An-, Verkaufs- noch Verwahrungskosten an. Nur beim vorzeitigen Verkauf berechnet das Kreditinstitut in der Regel 0,5% vom Ausgabewert.

Entscheiden Sie sich zwischen Typ A und Typ B

Anleger, welche die Zinsen jährlich verbrauchen möchten, werden sich für Typ A entscheiden; ebenso Anleger, die nicht bereits mit anderen Kapitalerträgen die ihnen zustehenden Freibeträge (Werbungskosten-Pauschbetrag von 100 bzw. 200 DM, Sparer-Freibetrag von 600 bzw. 1.200 DM) ausgeschöpft haben.

Beziehen Sie keine anderen Kapitalerträge, sollten Sie Ihr Geld in Bundesschatzbriefen des Typs A anlegen, um die Freibeträge jährlich ausschöpfen zu können. Das ist möglich bei Bundesschatzbriefen mit einem Zinssatz von 5% im ersten Jahr mit einem Nominalwert von 14.000 DM (Alleinstehende) sowie von 28.000 DM (zusammenveranlagte Ehegatten).Bei einem Arbeitnehmer, dem ein Härteausgleich zusteht, kommen nochmals 16.000 DM hinzu (Einkommen bis zu 27.000 DM/54.000 DM; einkommensteuerpflichtige Einkünfte ohne Lohnsteuerabzug zwischen 800 DM und 1.600 DM).

Benötigen Sie jährliche Zinszahlungen und haben Sie die Freibeträge bereits ausgeschöpft, werden Sie sich vielleicht wegen der etwas höheren Rendite, für den Bundesschatzbrief des Typs B entscheiden. Darüber hinaus ereichen Sie einen Zinsgewinn dadurch, daß die gesamte Steuer erst am Ende der Laufzeit fällig wird.

Steuerfragen

Zinsen aus Bundesschatzbriefen sind, wie andere Einkünfte aus Kapitalvermögen, einkommensteuerpflichtig. Keine steuerlichen Besonderheiten ergeben sich beim **Typ A**. Die jährlichen Zinszahlungen unterliegen der Einkommensteuer und sind in der Einkommensteuererklärung anzugeben.

Die Zinsen aus Bundesschatzbriefen des **Typs B** fließen, entgegen bisheriger Praxis, steuerlich erst am Ende der Laufzeit oder bei vorzeitiger Rückgabe zu. Beim Typ B sind die Zinsen am Ende der Laufzeit oder bei Rückgabe nach Ablauf der Sperrfrist in einem Betrag zu leisten. Der Emittent braucht seine Leistung erst zu diesem Zeitpunkt zu erbringen. Die bis dahin geltende Praxis, beim Gläubiger der Kapitalerträge aus Bundesschatzbriefen des Typs B fiktiv einen Zufluß anzunehmen, auch wenn der Schuldner zur Leistung noch nicht verpflichtet ist, wurde von der Finanzverwaltung ausdrücklich aufgegeben.

Haben Sie Bundesschatzbriefe des Typs B vor dem 1. 1. 1989 gekauft, wird Ihnen ein Wahlrecht zugestanden, die Zinsen jährlich oder am Ende der Laufzeit zu versteuern. Für Käufe nach dem 1. 1. 1989 gilt jedoch das Zuflußprinzip.

Beispiel:
Z erwirbt Anfang 1990 für 20.000 DM Bundesschatzbriefe des Typs A. Die nach einem Jahr gezahlten Zinsen unterliegen der Einkommensteuer. Hat Z anstelle von Bundesschatzbriefen des Typs A solche des Typs B erworben, wird ihm am Ende der Anlagedauer (in der Regel nach 7 Jahren) der Anlagebetrag mit Zinsen und Zinseszinsen ausgezahlt. Die Zinserträge unterliegen erst bei der Auszahlung (und nicht jährlich) mit der Gutschrift der Einkommensteuer.

4 Bundesobligationen

Bundesobligationen sind mittelfristige Schuldbuchforderungen des Bundes im Sinn von Anleihen, zu deren Rückzahlung und Verzinsung sich der Bund verpflichtet hat. Im Unterschied zu Bundesschatzbriefen werden Bundesobligationen an der Börse gehandelt, und zwar in Stückzahlen von 100 DM oder einem Mehrfachen davon. Die Laufzeit beträgt in jedem Fall 5 Jahre. Der Zinssatz bleibt konstant und wird bei jeder Serie neu festgesetzt. Bundesobligationen eignen sich besonders für die mittelfristige Anlage zu Kapitalmarkt-Zinssätzen. Die Rückzahlung von Bundesobligationen ist in voller Höhe sichergestellt, weil der Bund mit seinem Vermögen und seinem Steueraufkommen dafür haftet.

Werden Bundesobligationen vor Fälligkeit verkauft, können Kursverluste eintreten, aber auch Kursgewinne erzielt werden. Das richtet sich nach dem jeweiligen Börsenkurs.

Bundesobligationen werden in aufeinanderfolgenden Serien zu einem festen Zinssatz ausgegeben. Neue Serien werden erst dann aufgelegt, wenn die Lage am Kapitalmarkt einen neuen Festzinssatz erfordert. Obwohl Bundesobligationen feste Laufzeiten haben, können sie jederzeit über die Börse veräußert werden. Beim Ersterwerb entstehen weder An-, Verkaufs- noch Verwaltungskosten.

Beim Verkauf, bei der Einlösung oder bei einer Übertragung von Bundesobligationen auf Dritte sind 0,5‰ vom Nennwert zu zahlen. Hinzu kommt die Börsenumsatzsteuer sowie eine Maklerprovision. Bundesobligationen werden steuerlich wie festverzinsliche börsennotierte Wertpapiere behandelt.

5 Aktien

Jede Aktie ist eine Urkunde, die einen Besitzanteil am Grundkapital einer Aktiengesellschaft verbrieft. Der Aktionär, Inhaber einer Aktie, hat als Teilhaber am Unternehmen bestimmte Rechte, z. B. ein Stimmrecht in der Hauptversammlung und ein Bezugsrecht bei der Ausgabe junger Aktien. Schüttet die Aktiengesellschaft Dividende aus, verbrieft die Aktie einen Anspruch auf einen entsprechenden Anteil daran.

Der Aktionär hat gegenüber der Aktiengesellschaft bestimmte Auskunfts- und Informationsrechte sowie bei der Liquidation der Aktiengesellschaft einen Anspruch auf einen Anteil aus einem eventuellen Liquidationserlös.

Der Mindestnennwert einer Aktie beträgt 50 DM. Er kann auch höher sein, soweit er durch 100 teilbar ist. Aktien werden an der Börse dadurch bewertet, daß für sie Marktpreise in Form von Börsenkursen festgesetzt werden. Diese richten sich nach Angebot und Nachfrage.

Es gibt Unterschiede

Bei den Aktien unterscheidet man:

Namensaktien (auch Orderpapiere genannt). Sie sind durch eine Erklärung auf der Rückseite der Aktien übertragbar. Eine besondere Form ist die **vinkulierte Namensaktie**, deren Übertragung der Genehmigung der Aktiengesellschaft bedarf.

Inhaberaktien sind, im Gegensatz zu Namensaktien, durch einfache Einigung und Übergabe übertragbar.

Nach Anteilrechten lassen sich unterscheiden

- **Stammaktien** (= normale Aktien mit gleichen Rechten, z. B. Stimmrecht für alle Anteile) und
- **Vorzugsaktien** (= Aktien, die teilweise Sonderrechte wie höhere Dividende verbriefen, oft aber dafür das Stimmrecht einschränken).

Kosten beim An- und Verkauf

Für den Kauf und Verkauf von Aktien muß sich der private Anleger der Dienste eines Kreditinstitutes bedienen. Dieses läßt sich seine Dienstleistungen durch eine **Provision** von (in der Regel) 1% vom Kurswert, mindestens aber 2 bis 5 DM, bezahlen. In Einzelfällen, besonders bei großen Depots, reduzieren die Kreditinstitute ihre Provisionen von 1% auf 0,7% oder noch darunter. Darüber hinaus fallen aber noch eine **Maklergebühr** von 0,8‰, mindestens jedoch 0,50 DM, sowie derzeit noch die **Börsenumsatzsteuer** von 0,25% vom Kurswert an. Für Kauf und Verkauf von Aktien muß der Anleger damit im Normalfall mit Gesamtkosten in Höhe von 2,7% vom Kurswert rechnen.

Darüber hinaus hat ein Anleger bei einem Kreditinstitut für Verwahrung, Unternehmensmitteilungen, Verwaltung sowie Termin- und Überweisungsüberwachung noch **Depotgebühren** einzukalkulieren, die in der Regel 1–1,5‰ vom Nennwert bzw. Kurswert betragen. Die jährliche Mindestgebühr liegt bei etwa 3 DM bis 5 DM je Depot. Kauf und Verkauf an ausländischen Börsen können zusätzliche Kosten von 3% und mehr vom Kurswert verursachen, je nach Rabatten, die deutsche Kreditinstitute selbst erhalten und an ihre Kunden weitergeben. Das bedeutet, daß in Einzelfällen eine an einer ausländischen Börse gehandelte Aktie erst um beinahe 9% im Kurs steigen muß, bevor der deutsche Anleger einen Gewinn erzielt. Es empfiehlt sich also für deutsche Anleger, an einer deutschen Börse notierte Auslandsaktien zu kaufen.

Und nun zu den Steuerfragen

Beim An- und Verkauf von Aktien ist derzeit noch **Börsenumsatzsteuer** in Höhe von 0,25% des Kurswerts zu entrichten. Sie entfällt bei einem echten Ersterwerb.

Die **Dividenden** gehören zu den steuerpflichtigen Einkünften aus Kapitalvermögen (§ 20 Abs. 1 Nr. 1 EStG) und sind in den jährlichen Einkommensteuererklärungen anzugeben.

Zu den steuerpflichtigen Einkünften aus Kapitalvermögen gehören auch **besondere Entgelte und Vorteile,** die neben oder anstelle der Dividenden gewährt werden (§ 20 Abs. 2 Nr. 1 EStG). Das sind z. B. Zusatzdividenden, die ein Aktionär erhält. Nicht zu den steuerpflichtigen Einkünften aus privatem Kapitalvermögen gehören die bei einer Kapitalerhöhung zugeteilten Bezugsrechte zum Erwerb neuer Aktien.

Zu den besonderen Entgelten und Vorteilen gehören auch **Freiaktien** und sonstige **Freianteile** (§ 20 Abs. 2 Nr. 1 EStG). Steuerlich wird hier so verfahren, als ob zunächst eine Dividende ausgeschüttet und diese dann zum Erwerb der neuen Aktien verwendet wurde. Dabei ist es steuerlich unerheblich, ob durch die Ausgabe der Freiaktien eine früher vorgenommene Kapitalzusammenlegung ganz oder teilweise rückgängig gemacht werden soll.

Zu den steuerpflichtigen Einkünften aus Kapitalvermögen gehören auch die Einnahmen aus der **Veräußerung von Dividendenscheinen,** wenn die dazu gehörenden Aktien und Anteilsrechte nicht mitveräußert werden.

Anrechnung von Körperschaftsteuer

Bis 1977 wurden die von einer inländischen Aktiengesellschaft ausgeschütteten Dividenden zweimal besteuert: Zunächst waren sie als Gewinn bei der Aktiengesellschaft körperschaftsteuerpflichtig, danach beim Gesellschafter als Dividende einkommensteuerpflichtig.

Heute wird der ausgeschüttete Gewinn nur noch beim Gesellschafter erfaßt. Dies wird durch ein **Anrechnungsverfahren** erreicht (§ 36 Abs. 2 EStG, §§ 27ff. KStG) in der Form, daß die Aktiengesellschaft von der ausgeschütteten Dividende zunächst 36% als Körperschaftsteuer abführt. Demgemäß erhält der Aktionär nicht 100%, sondern 64% des Gewinns. Gleichzeitig wird ihm eine Steuergutschrift in Höhe von 36% des ausgeschütteten Gewinns erteilt. Diese Steuergutschrift gehört wie der ausgeschüttete Teil des Gewinns zu den steuerpflichtigen Einkünften aus Kapitalvermögen (§ 20 Abs. 1 Nr. 3 EStG). Durch die Anrechnung der Körperschaftsteuer wird bewirkt, daß der Ertrag der Aktiengesellschaft nicht zweimal besteuert wird.

Die Steuergutschrift wird nicht ausgezahlt, sondern auf die Einkommensteuerschuld des Aktionärs angerechnet. Dabei ist es gleichgültig, ob der

Anspruch auf Dividende beim Gesellschafter zum Privatvermögen oder zum Betriebsvermögen gehört. Die Steuergutschrift beträgt 9/16 der tatsächlich ausgeschütteten Dividende. Wie hoch die Steuerbelastung endgültig ist, richtet sich allein nach den Verhältnissen beim Aktionär.

Beispiel:

Gewinn vor Auschüttung		100 DM
./. Körperschaftsteuer	36 DM	
./. Kapitalertragsteuer (25% von 64 DM Dividende)	16 DM	52 DM
Ausgezahlter Betrag (Einnahmen)		48 DM

In der Einkommensteuererklärung hat der Aktionär in der **Anlage KSO** unter Gewinnausschüttungen 100 DM zu erklären. In die Rubrik „Sonstige Angaben" trägt er die anzurechnende Körperschaftsteuer (36 DM) sowie die Kapitalertragsteuer (16 DM) ein. Voraussetzung für die Anrechnung der Körperschaftsteuer ist, daß eine entsprechende Bescheinigung des Kreditinstituts vorgelegt wurde, bei dem sich die Aktien im Depot befinden. Legt der Steuerzahler solch eine Bescheinigung nicht vor, erfaßt das Finanzamt zwar die ausgeschüttete Dividende, läßt die Steuergutschrift und damit die Anrechnung jedoch unberücksichtigt. Wird die Steuerbescheinigung nachgereicht, so kann die Steuerfestsetzung allerdings berichtigt werden.

Gehören Aktien zum **Vermögen einer Personengesellschaft,** so lautet die Steuerbescheinigung auf den Namen der Personengesellschaft. Die auf den jeweiligen Gesellschafter anteilig entfallende Steuergutschrift kann er dem Feststellungsbescheid entnehmen, den das Betriebstättenfinanzamt über den Gewinn der Personengesellschaft erläßt.

Wird der Steuerzahler, z. B. wegen zu geringer Einkünfte, zur Einkommensteuer nicht veranlagt, so kann ihm die Körperschaftsteuer auf Antrag vergütet (§ 36b Abs. 1 EStG) und vorweg mit der Dividende ausgezahlt werden.

Für die Vergütung hat der Steuerzahler eine **Bescheinigung** über die Höhe der Ausschüttungen und der anrechenbaren Körperschaftsteuer, sowie eine sogenannte Nichtveranlagungs-Bescheinigung seines Wohnsitzfinanzamts, aus der sich ergibt, daß er unbeschränkt steuerpflichtig ist und eine Veranlagung zur Einkommensteuer voraussichtlich nicht stattfindet, vorzulegen.

Die Vergütungen erfolgen zwar durch das Bundesamt für Finanzen (§ 36b Abs. 3 EStG), in der Praxis stellen die Kreditinstitute für ihre Kunden jedoch Sammelanträge und vergüten vorweg, soweit ihnen Nichtveranlagungs-Bescheinigungen vorgelegt werden.

Aktiengesellschaften haben von der um die Körperschaftsteuer geminderten Dividende **25% Kapitalertragsteuer** einzubehalten. Diese wird, ebenso wie die Körperschaftsteuer, auf die Einkommensteuer angerechnet.

Steuerfrei sind **Kursgewinne**, wenn Aktien zum Privatvermögen des Anlegers gehören und die Gewinne nicht durch Spekulationsgeschäfte erzielt wurden (= Zeitraum zwischen Anschaffung und Veräußerung nicht mehr als 6 Monate, oder Veräußerung früher als der Erwerb). Auf eine Spekulationsabsicht kommt es dabei nicht an.

Gewinn oder Verlust aus einem **Spekulationsgeschäft** ist der Unterschied zwischen dem Veräußerungspreis und den Anschaffungskosten zuzüglich der Werbungskosten. Zu den **Werbungskosten** zählen alle mit der Veräußerung im Zusammenhang stehenden Aufwendungen, z. B. Vermittlerprovision, Bankspesen usw. Die Ermittlung der **Anschaffungskosten** ist schwierig, wenn sich die Aktien in einem Girosammeldepot befinden. Dem Anleger wird empfohlen, zur Vermeidung von Spekulationsgewinnen mehrere Depots einzurichten, sofern die dadurch entstehenden zusätzlichen Depotkosten in einem vertretbaren Verhältnis zum erreichbaren steuerlichen Vorteil stehen. Hierdurch erhält der Anleger die Möglichkeit, diejenigen Aktien des Privatvermögens steuerfrei zu veräußern, die er vor sechs Monaten und länger angeschafft hat. Andererseits reicht es jedoch aus, wenn er in sonstiger Weise nachweist, zu welcher Zeit und zu welchem Preis er die Aktien erworben hat.

Der Spekulationsgewinn ist nur insoweit zu versteuern als er **mindestens 1.000 DM** beträgt. Dann allerdings ist der gesamte Gewinn zu versteuern. Werden Ehegatten zusammen veranlagt, steht jedem Ehegatten die **Freigrenze** bis zur Höhe seines Spekulationsgewinns zu. Nicht zulässig ist es jedoch, die nicht ausgenutzte Freigrenze auf den anderen Ehegatten zu übertragen.

6 Optionen

Optionen räumen das Recht ein, bestimmte Spekulationsmedien (z. B. Aktien, Devisen, Finanztitel und Edelmetalle) bis zu einem bestimmten Termin zu einem bestimmten feststehenden Kurs zu kaufen bzw. zu verkaufen. Optionsgeschäfte sind Termingeschäfte und gleichzeitig Differenzgeschäfte. Die Differenz zwischen den Optionskosten und dem Erlös ist der Spekulationsgewinn.

Optionen sind „heiße" Spekulationen. Der Ableger kann sich dabei mit geringem Einsatz in hohe Gewinnchancen einkaufen, denen aber ebenso hohe Risiken gegenüberstehen. Unter Berücksichtigung der Gebühren sind die Risiken, Verluste zu machen, größer als die Gewinnchancen.

Man unterscheidet zwischen Kaufoptionen und Verkaufoptionen.

Beim **Kauf** einer Aktienkaufoption erwirbt der Anleger das Recht, eine bestimmte Anzahl von Aktien zu einem ganz bestimmten Termin und einem festgelegten Kurs zu beziehen. Der Anleger rechnet also mit steigenden Aktienkursen.

Beispiel:
Der Börsenkurs der X-Aktie lag Anfang 1989 bis 300 DM. Der Anleger A rechnet mit einem weiteren Ansteigen der Börsenkurse für dieses Papier. Um nicht 15.000 DM für 50 X-Aktien zahlen zu müssen, erwirbt er eine Kaufoption für X-Aktien. Darin ist festgelegt, daß er berechtigt ist, bis spätestens 15. 10. 1989 50 X-Aktien zum festen Preis von 310 DM zu erwerben, unabhängig vom tatsächlichen Börsenkurs.

Für die Kaufoptionen der X-Aktie zahlt er am 15. 1. 1989 10 DM pro Aktie, also 500 DM bei 50 Stück. Gegenüber einem direkten Kauf der X-Aktien spart er insoweit 14.500 DM ein. Steigt die X-Aktie bis zum 15. 10. 1989 auf 350 DM, wird A die Kaufoption ausüben. Er läßt sich die 50 X-Aktien zu einem Preis von 310 DM liefern und verkauft sie anschließend für 350 DM an der Börse.

Sein Gewinn errechnet sich wie folgt:

Optionskosten	500 DM
Anschaffungskosten 50 x 310 DM	15.500 DM
Gesamteinsatz	16.000 DM
Verkaufserlös 50 × 350 DM	17.500 DM
Gewinn	1.500 DM

Liegt der Kurs am 15. 10. 1989 bei 315 DM, wird A die Kaufoption ausüben, um damit seinen Verlust zu begrenzen. Dem Gesamteinsatz von 16.000 DM steht dann ein Verkaufserlös von 15.750 DM gegenüber. Der Verlust: 250 DM. Ist der Börsenkurs der X-Aktie dagegen unter 310 DM gefallen, wird A die Kaufoption nicht ausüben, da er die Aktien an der Börse billiger erwerben kann. Sein Einsatz von 500 DM ist verloren.

Beim Kauf einer **Verkaufsoption** erwirbt der Anleger umgekehrt das Recht, eine bestimmte Anzahl von Aktien zu einem bestimmten Termin und einem festgelegten Kurs zu verkaufen. Anders als der Käufer einer Kaufoption rechnet der Käufer einer Verkaufsoption mit fallenden Kursen.

Beispiel:
Für eine Verkaufsoption über 50 X-Aktien muß der Anleger A Anfang 1989 10 DM je Aktie zahlen. Damit erwirbt er das Recht, bis zum 15. 10. 1989 50 X-Aktien zum Festpreis von 280 DM zu verkaufen. Fällt der Kurs

der X-Aktie bis zum 15. 10. 1989 z. B. auf 250 DM, kann A sich die Aktien zu je 250 DM an der Börse besorgen und sie noch am gleichen Tag für je 280 DM an seinen Optionspartner liefern. Sein Gewinn errechnet sich wie folgt:

Optionskosten	500 DM
Kaufpreis der Aktien an der Börse 50 × 250 DM	12.500 DM
Kapitaleinsatz	13.000 DM
Verkaufserlös 50 × 280 DM	14.000 DM
Gewinn	1.000 DM

Fällt der Kurs der X-Aktie nur geringfügig auf 275 DM, kann A die Verkaufsoption ausüben, um seinen Verlust zu begrenzen. Seine Rechnung lautet dann:

Optionskosten	500 DM
Kaufpreis der Aktien an der Börse	13.750 DM
Gesamteinsatz	14.250 DM
Verkaufserlös	14.000 DM
Verlust	250 DM

Steigt der Kurs der X-Aktie dagegen auf über 280 DM, wird er die Option nicht ausüben, weil er die Aktien wesentlich teuerer an der Börse kaufen müßte. Sein Kapitaleinsatz von 500 DM ist verloren.

Was für die Aktien gilt, ist in gleicher Weise auf jedes andere Optionsmedium zu übertragen.

Anders als bei Optionsscheinen oder Aktien besteht eine Option nicht von vornherein, sondern der Anleger muß zunächst einen Partner finden, mit dem er das Optionsgeschäft abschließt. In der Praxis erfährt der Anleger den Namen seines Partners nicht, sondern erhält bei Zustandekommen der Option von seiner Bank lediglich eine Bestätigung über den Kauf oder Verkauf der Option und, im Fall der Ausübung, die entsprechenden Abrechnungen.

Beim Verkauf einer Option gibt es ebenfalls zwei Möglichkeiten: So verpflichtet sich der Verkäufer einer Kaufoption, zu einem bestimmten Termin bestimmte Aktien zu einem festgelegten Preis zu liefern. In der Regel handelt es sich bei dem Verkäufer um den Inhaber eines Aktiendepots, der nicht mit weiter steigenden Kursen rechnet, andererseits seine Papiere aber noch nicht verkaufen möchte.

Der Verkäufer einer Verkaufoption **erwartet steigende Aktienkurse** und macht in diesem Fall einen guten Gewinn. Andererseits geht er ein besonderes Risiko ein.

Optionsgeschäfte werden über die Terminbörse abgewickelt.

Optionen können jeweils zum 15. Kalendertag der Monate Januar, April, Juli und Oktober abgeschlossen werden. Jeder Anleger, der sich mit Optionen befassen will, sollte jedoch diese schwierige Materie mit den verschiedenen Möglichkeiten zunächst durchdenken. Außerdem sollte er sich bei einem in Optionen erfahrenen Anlageberater informieren. Dieser wird ihm sagen können, welche Optionspreise bei welchen Basispreisen realistisch sind und welche nicht. Im allgemeinen wird der Optionspreis um so höher sein, je weiter die Fälligkeit der Option in der Zukunft liegt. Dabei ist auch zu berücksichtigen, daß sich der vereinbarte Basispreis um eine eventuelle Dividendenausschüttung (Bruttoausschüttung) während der Laufzeit der Option vermindert.

Was sind Futures?

Futures unterscheiden sich von Optionen dadurch, daß Käufer und Verkäufer sich fest verpflichten, nach Ablauf einer bestimmten Frist die dem Geschäft zugrunde liegende Menge an Aktien, Anleihen etc. zu liefern bzw. zu kaufen. In vielen Fällen, z. B. bei einer Spekulation auf einen Aktienindex, ist eine Lieferung von Waren gar nicht geplant. Futures haben gegenüber Optionen den Nachteil, daß ein möglicher Verlust unbegrenzt sein kann, während er bei Optionen auf den Optionspreis beschränkt ist.

Und nun zu den steuerlichen Besonderheiten

Optionsgeschäfte auf Aktien sind nach der derzeitigen Rechtsprechung steuerfrei, wenn zwischen Kauf und Verkauf der Optionen mehr als 6 Monate liegen.

Demgegenüber sind **private Devisentermingeschäfte** und **Edelmetalltermingeschäfte** steuerfrei, weil es sich nicht um Einkünfte aus einem Spekulationsgeschäft handelt. Devisen- und Edelmetalltermingeschäften fehle es, so der Bundesfinanzhof, mangels einer Lieferverpflichtung an einer Veräußerung (Urteil v. 6. 12. 1983, BStBl 1984 II S. 132). Der Wille der Vertragsparteien sei auf einen Gewinn in Form einer Kursdifferenz gerichtet, der mit einem Spielgewinn vergleichbar ist.

Mit dem gleichen Argument läßt sich m. E. auch die Steuerpflicht der mit **Wertpapieroptionen** erzielten Kursgewinne verneinen, wenn der Steuerzahler nur glaubhaft versichert, er habe niemals die Absicht gehabt, die Option auszuüben. In Fällen von Wertpapieroptionen empfiehlt es sich deshalb für den Steuerzahler, die Frage der Besteuerung von Kursgewinnen als Spekulationsgewinn durch Einlegung eines Rechtsmittels offen zu halten.

Übt der Käufer einer **Kaufoption** diese aus, bilden die Optionskosten zusätzliche Anschaffungskosten. Verkauft er die Papiere innerhalb der sechsmonatigen Spekulationsfrist, mindern die Optionskosten den Spekulationsgewinn. Übt der Käufer einer Kaufoption diese nicht aus, so kann er die gezahlten Optionskosten in der Regel steuerlich nicht geltend machen. Kann er jedoch glaubhaft versichern, daß er mit der Option, deren Erwerb geplant war, ein Spekulationsgeschäft ausführen wollte, kann er die Optionskosten m. E. steuerlich als erfolglose Werbungskosten eines nicht zustande gekommenen Spekulationsgeschäfts abziehen.

Überträgt der Käufer einer Kaufoption Rechte und Pflichten aus der Option innerhalb der Spekulationsfrist entgeltlich auf einen Dritten, so erzielt er in Höhe der Differenz zwischen den gezahlten Optionskosten und dem Erlös aus der Übertragung der Rechte aus der Option einen Spekulationsgewinn oder -verlust.

Beim Verkäufer einer Kaufoption (Stillhalter) gehört bei Nichtausübung der Option der vereinnahmte Optionspreis (die Stillhalteprämie) zu den sonstigen Einkünften (§ 22 Nr. 3 EStG).

Übt der Käufer einer **Verkaufoption** diese aus, so handelt es sich um ein Spekulationsgeschäft dann, wenn die gelieferten Papiere innerhalb von 6 Monaten vor Ausübung der Option gekauft worden sind. Die Kosten der Option kann er als Werbungskosten absetzen (§ 23 Abs. 4 S. 1 EStG).

Beim Verkäufer einer Verkaufoption (Stillhalter) gehört der vereinnahmte Optionspreis bei Nichtausübung der Option zu den sonstigen Einkünften (§ 22 Nr. 3 EStG).

Übt der Käufer einer Verkaufoption diese nicht aus, kann er die Kosten der Option als erfolglose Werbungskosten für ein geplantes Spekulationsgeschäft abziehen (§ 23 Abs. 4 S. 1 EStG), wenn die Optionspapiere überhaupt nicht oder innerhalb von 6 Monaten vor Ablauf der Optionsfrist erworben wurden. Hat er dagegen die Optionspapiere früher erworben, kann er die Optionskosten steuerlich nicht geltend machen.

Die Deutsche Terminbörse (DTB)

Am Börsenplatz Frankfurt wurde Mitte Januar 1990 die erste Deutsche Terminbörse eingerichtet. Der Handel begann mit Kaufoptionen (Calls) und Verkaufoptionen (Puts) deutscher Standardaktien. Mitte des Jahres soll der Handel mit Finanzterminkontrakten hinzukommen. Gehandelt werden sollen Index Futures (= Terminkontrakte auf den Deutschen Aktienindex DAX) sowie Zins-Futures (= Terminkontrakte auf Bundesanleihen mit einer Normalverzinsung von 6%, die in ausgewählten Bundesanleihen mit einer Restlaufzeit von 8-10 Jahren lieferbar sind).

7 Investmentfonds und Investmentanteilscheine

Investmentanteilscheine oder Investmentzertifikate sind Anteile an Investmentgesellschaften. Das sind meistens von Banken gegründete Kapitalanlagegesellschaften, die Aktien verschiedener Gesellschaften, Anleihen oder Immobilien kaufen und diese in einem Fonds zusammenfassen. Sie wurden erfunden, um breite Anlegerschichten an das Wertpapiersparen heranzuführen.

Je nach den Anlageobjekten, mit denen sich eine Investmentgesellschaft befaßt, unterscheidet man zwischen Wertpapierfonds und Immobilienfonds.

Investmentfonds verwalten fremdes Geld. Damit dieses mit besonderer Vorsicht und unter Kontrolle geschieht, gelten für Investmentfonds strenge gesetzliche Bestimmungen. Für Investmentgesellschaften gilt das Gesetz über Kapitalgesellschaften (KAGG) in der Fassung vom 1. 1. 1987.

Das bei der Kapitalanlagegesellschaft eingelegte Geld und die damit angeschafften Vermögenswerte bilden ein Sondervermögen (§ 6 KAGG). Für das Sondervermögen dürfen nur solche Wertpapiere erworben werden, die an einer deutschen Börse zum amtlichen Handel zugelassen oder in den Handel einbezogen worden sind (§ 8 KAGG). Darüber hinaus dürfen Wertpapiere erworben werden, die ausschließlich an ausländischen Börsen zugelassen sind oder gehandelt werden, sofern der Erwerb dieser Wertpapiere in den Vertragsbedingungen vorgesehen ist.

7.1 Wertpapierfonds – risikoarme Anlagen

Das Sondervermögen von Wertpapierfonds besteht überwiegend aus Aktien und/oder festverzinslichen Wertpapieren. Darüber hinaus wird in der Regel auch ein kleiner Teil als Bankguthaben gehalten, um bei Rückgabe von Investmentanteilen oder Ausschüttungen den entsprechenden Gegenwert dem Anleger vergüten zu können. Je nach Anlageziel kann der Anleger zwischen Aktienfonds und Rentenfonds wählen.

Aktienfonds haben gegenüber der Direktanlage den Vorteil, daß das Risiko gesteuert wird und damit geringer ist. Sie sind als kurzfristige Anlagen anzusehen, die in Erwartung allgemein steigender Kurse gekauft und bei fallenden Kursen wieder verkauft werden sollten.

Die Erträge der Unternehmen werden häufig nur zu einem geringen Teil in Form von Dividenden an die Fondsinhaber ausgeschüttet. Der überwiegende Teil bleibt beim Unternehmen zur Stärkung der Substanz.

Will der Anleger dagegen einen hohen laufenden Ertrag erzielen, wird er sich für **Rentenfonds** entscheiden. Die Anlage in Rentenfonds ist, im

Unterschied zum Direkterwerb von Rentenwerten, auch für Anleger mit kleinerem Geldbeutel interessant. Dabei ist jedoch zu beachten, daß die Vermittlungsprovision bei Rentenfonds wesentlich höher ist als im Direktgeschäft mit Rentenwerten. Der Anleger hat die Wahl zwischen Fonds, die sich aus den verschiedensten in- und ausländischen börsennotierten Wertpapieren zusammensetzen, und anderen, die sich auf bestimmte Wertpapiere, wenige Branchen und wenige Länder beschränken.

Besonders solche Anleger, die höhere Renditen erzielen möchten, sollten sich für einen international angelegten Fonds interessieren. Dabei sind jedoch Veränderungen der Währungskurse zu berücksichtigen.

Für die Güte von Investmentfonds entscheiden die Zusammensetzung des Fondsvermögens, die Arbeit des Fondsmanagements sowie die Bonität der hinter dem Fonds stehenden Bank oder Bankengruppe. Die in der Bundesrepublik auf dem Kapitalmarkt angebotenen Wertpapierfonds sind in der Regel offene Fonds, für die kennzeichnend ist, daß sie, je nach Nachfrage, Anteile ausgeben und auch jederzeit wieder zurücknehmen.

Die Rücknahme der Fondsanteile ist gewährleistet. Bei einer Rückgabe erhält der Anleger den Rückkaufswert seines Anteils vergütet. Der Anteil wird aufgrund der aktuellen Börsenkurse der im Fonds enthaltenen Wertpapiere ermittelt.

Was ist mit den Erträgen?

Erträge aus Wertpapierfonds werden entweder an die Anleger verteilt oder in zusätzlichen Wertpapieren thesauriert (= gewinnbringend angelegt). Dadurch können Anleger einerseits interessante Erträge erzielen, andererseits sich am Wachstum der Wirtschaft beteiligen. Aufgrund des bei Wertpapierfonds vorhandenen Kursrisikos eignen sich Investmentzertifikate vor allem als mittel- und langfristige Geldanlage.

7.2 Immobilienfonds — weitgehend risikolos und überschaubar

Immobilienfonds legen ihr Sondervermögen überwiegend in Haus- und Grundbesitz an. Ergänzt wird die Immobilienanlage durch die Anlage freier Mittel in Wertpapieren und Bankguthaben. 5% des Fondsvermögens muß als Liquiditätsreserve für die Bedienung der Rückgabe von Anteilen gehalten werden.

Anteile an einem Immobilienfond verbriefen gestückelten Haus- und Grundbesitz. Für den Anleger bieten Immobilienzertifikate die Vorteile geringen Kapitaleinsatzes, geringen Risikos, keiner laufenden Abzahlungsraten und keiner zeitlichen Belastung. Die Immobiliengesellschaft trifft die Auswahl der geeigneten Objekte und sorgt für deren Verwaltung.

Der Anleger hat die Wahl zwischen offenen und geschlossenen Immobilienfonds. Offene und geschlossene Immobilienfonds unterscheiden sich in mancherlei Hinsicht, so z. B. in den rechtlichen Rahmenbedingungen, der steuerlichen Behandlung, der Marktgängigkeit und dem Interessentenkreis.

Während sich die Bewertung von Aktien und Rentenpapieren mit Hilfe von Börsenkursen genau ermitteln läßt, erfolgt die Bewertung von Liegenschaften durch individuelle Schätzungen von Gutachtern. Deren Ermessensspielraum weicht in Einzelfällen um 10% nach oben oder unten von den üblichen Richtsätzen ab. Hierdurch ist der Investmentanteil von offenen Immobilienfonds nicht exakt bestimmbar. Vielfach läßt sich nicht nachvollziehen, ob ein Objekt guten Gewinn abwirft oder zu den schlechten Immobilien gehört, weil die Rechenschaftsberichte der Fonds zwar die Immobilien auflisten, jedoch Einstandspreise und aktuelle Schätzungen von Gutachtern fehlen.

Offene Immobilienfonds

Offene Immobilienfonds investieren ihr Vermögen in Häusern und Grundstücken. Das Grundstücksvermögen wird von der Kapitalanlagegesellschaft verwaltet. Diese hat an den einzelnen Objekten treuhänderisches Eigentum. Der Anleger ist in Höhe seines Anteils am Immobilienfond Miteigentümer und hat Anteil an sämtlichen Erträgen des Fonds. Um das Risiko möglichst breit zu streuen, muß das Sondervermögen des Fonds nach dem Gesetz mindestens zehn Objekte umfassen. Jedes Objekt darf dabei nicht mehr als 15% des Sondervermögens des Fonds ausmachen.

Bei offenen Immobilienfonds ist die Zahl der ausgegebenen Anteile und der entsprechenden Anteilscheine nicht begrenzt. Ein Erwerb von Immobilienzertifikaten ist unmittelbar über die Immobiliengesellschaft, über die Depotbank oder durch die Vermittlung Dritter möglich. Beim Erwerb von Anteilen an offenen Immobilienfonds sind im Ausgabepreis die Ausgabekosten bereits enthalten. Sie betragen im allgemeinen 3 bis 5%.

Geschlossene Immobilienfonds

Eigentümer des Immobilienvermögens geschlossener Immobilienfonds ist meistens eine Kommanditgesellschaft. Der Anleger beteiligt sich an Fonds über den Erwerb von Kommanditanteilen. In der Regel ist eine Bank zwischengeschaltet, die sämtliche Kommanditanteile als Treuhandkommanditistin für die Anteilseigner hält. Am Vermögen der Kommanditgesellschaft sind weder der Komplementär noch der Treuhänder beteiligt.

Geschlossene Immobilienfonds werden zur Finanzierung eines bestimmten Immobilienprojekts aufgelegt. Anteile an der Fondsgesellschaft werden solange ausgegeben, bis das zur Durchführung des Projekts erforderliche Kapital aufgebracht worden ist. Danach können Anteilscheine nur noch von

Anteilszeichnern erworben werden, die ihre Anteile abgeben. In der Regel werden die Anteile in Stücken ab 10.000 DM veräußert.

Für Anleger sind Anteile an offenen Immobilienfonds besonders als längerfristige Anlage geeignet. Sie zeichnen sich vor allem durch Wertbeständigkeit und Steuervorteile aus. Anteile an geschlossenen Immobilienfonds sind für Anleger interessant, die sich an einem bestimmten Immobilienobjekt beteiligen und ebenfalls Steuervorteile erzielen wollen. Die Beteiligung an offenen Immobilienfonds ist sicher. Sie unterliegen den strengen Bestimmungen über Kapitalanlagegesellschaften.

Eine solche gesetzliche Regelung fehlt für geschlossene Fonds. Die Sicherheit der Anlage hängt überwiegend von der Bonität der Immobiliengesellschaft ab.

Für den Anleger hat der offene Fonds folgende Vorteile: Die Rückgabe der Anteile ist jederzeit, der Einstieg bereits mit geringen Beträgen (unter 100 DM) möglich, das Risiko verteilt sich auf viele Immobilien. Nachteilig ist beim offenen Fonds: Die Wertsteigerung hinkt den Immobilienpreisen nach, große Teile des Fonds werden als Bargeld gehalten, bei der Erbschaft- und Schenkungsteuer bestehen keine Ersparnismöglichkeiten.

Der geschlossene Fonds bietet dem Anleger folgende Vorteile: Hohe Einkommensteuerersparnis am Anfang der Laufzeit, Erbschaft- und Vermögensteuer entfallen, Schenkungsteuer wird nur zu ⅓ erhoben, Immobilien dürfen nicht ohne Zustimmung der Anleger verkauft werden. Demgegenüber bestehen folgende Nachteile: Die Anteile sind schwer verkäuflich, der Einstieg ist erst ab 20.000 DM oder mehr möglich, das Risiko verteilt sich auf eine oder mehrere Immobilien.

Offene und geschlossene Immobiliengesellschaften unterscheiden sich auch in der Verfügbarkeit der Anteile.

Wie werden die Erträge versteuert?

Aktien- und Rentenfonds einerseits sowie Immobilienfonds andererseits werden unterschiedlich besteuert. Steuerpflichtig sind die Anteile am Fondssondervermögen sowie die Ausschüttungen auf die Investmentanteile, die dem Zertifikatinhaber zufließen. Das Fondsvermögen selbst ist von der Körperschaftsteuer, Gewerbesteuer und Vermögensteuer befreit (§ 38 Abs. 1 KAGG).

Steuer auf Fondserträge aus Wertpapierfonds

Die Besteuerung der Fondserträge aus Wertpapierfonds, also Aktien und Renten, ist im einzelnen in § 39 KAGG geregelt. Danach wird der Inhaber eines Investmentanteils steuerlich so behandelt, als würde der Anteil an den

Erträgen aus Aktien und anderen Wertpapieren des Fondsvermögens ihm unmittelbar zufließen.

Ausschüttungen auf Anteilscheine an einem Wertpapier-Sondervermögen sowie die von einem Wertpapier-Sondervermögen vereinnahmten, nicht zur Kostendeckung oder Ausschüttung verwendeten (thesaurierten) Zinsen und Dividenden, gehören also zu den Einkünften aus Kapitalvermögen (§ 20 Abs. 1 Nr. 1 EStG). Zinsen und Dividenden gelten mit Ablauf des Geschäftsjahrs, in dem sie vereinnahmt worden sind, als zugeflossen.

Handelt es sich um einen **Thesaurierungsfonds**, der die Erträge des Fondsvermögens entweder überhaupt nicht oder nur zum Teil ausschüttet und sie zum Erwerb weiterer Wertpapiere verwendet, so hat der Zertifikatinhaber die vom Fonds vereinnahmten und nicht ausgeschütteten Zinsen und Dividenden zu versteuern, sofern diese Erträge vom Fonds nicht zur Kostendeckung benötigt werden oder bei einer Ausschüttung steuerfrei bleiben würden. Diese steuerpflichtigen Erträge gelten mit Ablauf des Geschäftsjahrs, in dem sie vom Fonds vereinnahmt worden sind, als dem Anteilseigner zugeflossen. Die zu versteuernden Beträge werden von den Investmentgesellschaften jährlich veröffentlicht (§ 42 KAGG).

Abgesehen von der Steuerbefreiung für die Ausschüttung von Veräußerungsgewinnen und steuerfreien Zinsen (§ 40 KAGG), erfaßt § 39 Abs. 1 KAGG die **Ausschüttungen des Sondervermögens** schlechthin, also ohne Rücksicht auf die verschiedenen Einnahmequellen. Im wesentlichen also Erträge in Form von Dividenden und Zinsen, Bankzinsen und Wertpapierzinsen sowie außerordentliche Erträge in Form realisierter Kursgewinne und Bezugsrechterlöse. Steuerpflichtig ist nur die Auskehrung von Erträgen des Sondervermögens, nicht jedoch die Auskehrung von Substanz.

Die Besteuerung der nicht ausgeschütteten Erträge ist in zweifacher Hinsicht eingeschränkt. Es werden nur Zinsen und Dividenden erfaßt, nicht jedoch Kursgewinne, Bezugsrechterlöse und sonstige Erträge. Außerdem dürfen die Zinsen und Dividenden weder zur Ausschüttung noch zur Kostendeckung verwendet worden sein.

Die Ausschüttungen auf **Anteilscheine an einem Wertpapier-Sondervermögen** sind insoweit steuerfrei, als sie Gewinne aus der Veräußerung von Wertpapieren und Bezugsrechten auf Anteile an Kapitalgesellschaften enthalten (§ 40 KAGG). Die Steuerfreiheit gilt jedoch nur für Anteilscheine, die zum Privatvermögen gehören. Gehören die Anteilscheine zu einem Betriebsvermögen, sind diese Ausschüttungsteile Betriebseinnahmen und damit steuerpflichtig. Nicht steuerfrei sind weiterhin die in den Ausschüttungen enthaltenen Erträge aus der Veräußerung von Bezugsrechten auf Freianteile an Kapitalgesellschaften insoweit, als die Erträge Kapitalerträge im Sinn des § 20 EStG sind.

Welche Erträge aus Fondsanteilen sind steuerpflichtig?

Die Kapitalanlagegesellschaft muß dem Inhaber von Anteilscheinen bei jeder Ausschüttung, bezogen auf einen Anteilschein am Wertpapier-Sondervermögen, folgendes bekanntmachen (§ 41 KAGG):

- Den Betrag der Ausschüttung,
- die in der Ausschüttung enthaltenen Beträge an
  - Zinsen im Sinn des § 3a EStG,
  - Zinsen im Sinn des § 43 Abs. 1 Nr. 5 EStG,
  - Veräußerungsgewinnen im Sinn des § 40 Abs. 1 Nr. 1 S. 1 KAGG,
  - Erträgen im Sinn des § 40 Abs. 1 Nr. 1 S. 2 KAGG, soweit die Erträge nicht Kapitalerträge im Sinn des § 20 EStG sind,
  - Einkünften im Sinn des § 40 Abs. 3 KAGG,
  - Einkünften im Sinn des § 40 Abs. 4 KAGG,
- den zur Anrechnung oder Vergütung von Körperschaftsteuer berechtigenden Teil der Ausschüttung,
- den Betrag der anzurechnenden oder zu vergütenden Körperschaftsteuer. Schüttet der Fonds Erträge an Inhaber der Investmentanteile aus, ist er hinsichtlich seiner eigenen Ausschüttung wieder selbst mit 36% steuerpflichtig (§ 38a Abs. 1 KAGG).

Dieser Körperschaftsteuerbetrag gehört beim Inhaber des Investmentanteils zu den steuerpflichtigen Einkünften aus Kapitalvermögen (§ 20 Abs. 1 Nr. 3 EStG). Er ist beim Inhaber des Investmentanteils wieder anzurechnen oder zu vergüten. Die Steuergutschrift für den einzelnen Anteil wird jährlich vom Investmentfonds veröffentlicht;

- den Betrag, der nach § 34c Abs. 1 EStG anrechenbaren und nach § 34c Abs. 3 EStG abziehbaren ausländischen Steuern, der auf die in den Ausschüttungen enthaltenen Einkünfte im Sinn des § 40 Abs. 4 KAGG entfällt.

Diese **Bekanntmachungen** sind für die Besteuerung der Anteilsinhaber unentbehrlich. Ebenfalls bekanntgeben muß die Investmentgesellschaft die von ihr thesaurierten Erträge, also solche, die weder zur Ausschüttung noch zur Kostendeckung verwendet werden, jedoch nur insoweit, als sie steuerpflichtig sind. Nicht bekanntgemacht zu werden brauchen dagegen die nicht steuerpflichtigen, thesaurierten Veräußerungsgewinne und Bezugsrechterlöse.

Die Höhe der Ausschüttungen und der darin enthaltenen steuerpflichtigen Beträge wird außerdem jährlich von der Finanzverwaltung im Bundessteuerblatt Teil I veröffentlicht.

Ausländische Wertpapierfonds

Sind in den Ausschüttungen eines inländischen Fonds Erträge aus ausländischen Wertpapieren enthalten, kommt es für die Besteuerung darauf an, ob zwischen dem ausländischen Staat und der Bundesrepublik ein Doppelbesteuerungsabkommen besteht und ob insoweit dem ausländischen Staat oder der Bundesrepublik das Besteuerungsrecht zusteht. Besteht kein Doppelbesteuerungsabkommen, so fließen dem Fonds nicht nur die ausländischen Erträge, sondern auch die im Ausland einbehaltenen Steuern zu.

Bei der inländischen Veranlagung des Zertifikatinhabers kann die ausländische Steuer bis zu dem Betrag, der sich ergibt, wenn die deutsche Einkommensteuer des Zertifikatinhabers im Verhältnis seines Anteils an den ausländischen Fondserträgen zum Gesamtbetrag seiner Einkünfte aufgeteilt wird, angerechnet werden.

Angaben zur Besteuerung und zur Anrechnung ausländischer Quellensteuer stehen jährlich im BStBl I. Die Höhe der im Ausland gezahlten Steuern brauchen Sie zusätzlich nicht nachzuweisen.

Besteuerung der Erträge aus Immobilienfonds

Hier ist zu unterscheiden, ob es sich, wie bei offenen Immobilienfonds, um Anteile an einem Grundstücks-Sondervermögen handelt, die nicht das unmittelbare Eigentum an einem bestimmten Grundbesitz vermitteln oder, wie bei geschlossenen Immobilienfonds, um Anteile an einer Kommanditgesellschaft oder an einer Bruchteilsgesellschaft, die das Eigentum an einem bestimmten Grundbesitz vermitteln.

- Die Anteile an **offenen Fonds** werden steuerlich ebenso wie andere Investmentanteile behandelt (§§ 38 und 44 KAGG). Die Ausschüttungen auf Anteilscheine an einem Grundstücks-Sondervermögen und die von einem Grundstücks-Sondervermögen vereinnahmten Erträge aus der Vermietung und Verpachtung von Immobilien, die nicht zur Kostendeckung oder zur Ausschüttung verwendet werden, gehören zu den Einkünften aus Kapitalvermögen (§ 20 Abs. 1 Nr. 1 EStG); allerdings nur, wenn sie nicht Betriebseinnahmen des Steuerzahlers sind.

Steuerpflichtig sind alle Ausschüttungen des Grundstücks-Sondervermögens ohne Rücksicht auf die Verschiedenheit der Einkommensquellen, aus denen die Erträge bezogen wurden. Hierzu gehören die ordentlichen Erträge in Form von Miet- und Pachtzinsen sowie Bank- und Wertpapierzinsen (das Grundstücks-Sondervermögen kann gemäß § 35 KAGG in gewissem Umfang Guthaben und Wertpapiere enthalten).

Nicht steuerpflichtig sind Veräußerungsgewinne bei Immobilien des Grundstücks-Sondervermögens, sofern die zweijährige Spekulationsfrist des § 23 EStG gewahrt ist und die Ausschüttungen nicht Betriebseinnahmen des Steuerzahlers sind (§ 46 KAGG).

Steuerfrei sind ebenfalls Teile von Ausschüttungen eines offenen Immobilienfonds, die Einkünfte aus einem ausländischen Staat enthalten, soweit ein Doppelbesteuerungsabkommen die deutsche Besteuerung ausschließt. Besteht kein solches Doppelbesteuerungsabkommen, kann, wie bei einem inländischen Investmentfonds, mit ausländischen Wertpapieren die erhobene ausländische Steuer auf die deutsche Einkommensteuer des Anteilseigners angerechnet werden (§ 46 Abs. 2 KAGG).

Es sind nicht nur die Ausschüttungen auf Anteilscheine, sondern auch die thesaurierten Erträge aus der Vermietung und Verpachtung von Immobilien steuerpflichtig (§ 45 KAGG). Das sind die von einem Grundstücks-Sondervermögen vereinnahmten Erträge, die nicht zur Kostendeckung oder Ausschüttung verwendet wurden.

Steuerpflichtig sind also

- thesaurierte Erträge aus Vermietung und Verpachtung von zum Grundstücks-Sondervermögen gehörenden Immobilien (insbesondere Zahlungen des Miet- und Pachtzinses aufgrund von Miet- oder Pachtverträgen, auch Neben- und Sachleistungen, nicht jedoch Schadensersatzzahlungen des Mieters an den Vermieter),
- thesaurierte Dividenden und Zinsen.

Nicht steuerpflichtig sind dagegen

- Wertsteigerungen der zum Sondervermögen gehörenden Immobilien,
- vom Sondervermögen realisierte Veräußerungsgewinne, soweit sie im Sondervermögen bleiben; sie gehören nicht zu den Erträgen aus Vermietung und Verpachtung.

Für die Besteuerung der Anteilsinhaber muß die Immobilienfondsgesellschaft ihnen bei jeder Ausschüttung, bezogen auf einen Anteilschein am Grundstücks-Sondervermögen, bekanntmachen (§ 47 KAGG):

- den Betrag der Ausschüttung,
- die in der Ausschüttung enthaltenen Beträge an Veräußerungsgewinnen (§ 46 Abs. 1 KAGG) und Einkünfte im Sinn des § 46 Abs. 2 KAGG,
- den Betrag an anrechenbaren ausländischen Steuern, der auf die in den Ausschüttungen enthaltenen Einkünfte im Sinn von § 46 Abs. 2 KAGG entfällt, auf die § 40 Abs. 4 KAGG anzuwenden ist.

Thesaurierte Einkünfte des Sondervermögens sind bekanntzumachen, soweit sie steuerpflichtig sind (§ 48 KAGG).

● Die steuerliche Behandlung von Anteilen an **geschlossenen Immobilienfonds** ist nicht im Kapitalanlagegesetz geregelt.

Ist der Anteilseigner Miteigentümer oder Gesamthandseigentümer, erzielt er aus dem Fonds Einkünfte aus Vermietung und Verpachtung (§ 21 Abs. 1 EStG), bei einer gewerblich geprägten Gesellschaft, z. B. Kommanditgesellschaft, gewerbliche Einkünfte im Sinn des § 15 Abs. 3 EStG.

Ist der Anteilseigner Miteigentümer oder Gesamthandseigentümer, hat er nicht die Barausschüttungen zu versteuern, sondern den Betrag, der als Überschuß der Miet- und Pachteinnahmen über die Werbungskosten, insbesondere die Abschreibungen, auf seinen Anteil entfällt.

Ist der Anteilsinhaber Gesellschafter einer gewerblich geprägten Gesellschaft, so erhält er einen entsprechenden Gewinnanteil aufgrund der einheitlichen und gesonderten Gewinnfeststellung.

Die Höhe der Einkünfte und den auf den jeweiligen Anteil entfallenden Betrag gibt die Geschäftsleitung des Fonds den Beteiligten bekannt.

Aufpassen:
Zum Erwerb eines Anteils an einer Bruchteilsgemeinschaft können steuer- und prämienbegünstigte Bausparkassenbeiträge auch schon vor Ablauf der Festlegungsfrist verwendet werden, wenn sie vom Immobilienfonds unmittelbar und unverzüglich den begünstigten Zwecken zugeführt werden (Abschnitt 92 Abs. 2 EStR).

Bei der Veräußerung eines solchen Anteils fällt u. U. auch Grunderwerbsteuer an. Dies gilt jedoch nicht für den Erwerb und die Veräußerung des Anteils an einer Kommanditgesellschaft.

8 Bausparen

Bausparen ist keine klassische Anlageform. Sie ist eher ein Zwecksparen. Ziel sollte es sein, Grundstücke, Häuser oder Eigentumswohnungen zu bauen, zu reparieren oder zu sanieren. Der Bauherr schließt mit der Bausparkasse einen Bausparvertrag ab, durch den er, wenn er seine Einlagen erbracht hat, einen Rechtsanspruch auf ein Bauspardarlehen mit fest vereinbartem Zins erwirbt. Hat der Bausparer die Mindestansparzeit und die Mindestsparsumme erreicht, wird ihm der Vertrag zugeteilt, ihm also seine Spareinlage sowie das Baudarlehen ausgezahlt. Der Bausparer kennt schon bei Abschluß des Vertrags alle Konditionen, die für ihn während der Laufzeit des Bausparvertrags bedeutsam sind.

Sind Verträge mehrerer Sparer gleichzeitig zuteilungsreif, wird durch sogenannte Leistungszahlen herausgefunden, wer zuerst Geld erhält. Nach der Zuteilung erhält der Bausparer seine Spareinlage sofort ausgezahlt, das Baudarlehen erst nach Eintragung einer Sicherheitsgrundschuld. Das Darlehen hat in der Regel eine Laufzeit von 10 Jahren. In Ausnahmefällen können auch längere Tilgungstermine vereinbart werden.

Welcher Tarif ist zweckmäßig?

Der Bausparer kann den für ihn passenden Tarif nach einem von der Bausparkasse ausgearbeiteten Finanzierungsplan wählen.

● Beim **Standardtarif** betragen die Sparrate, also der monatliche Regelbeitrag, 4‰ der Bausparsumme, die Regeltilgungsleistung für das Bauspardarlehen 6‰. Der Zinssatz für das Bauspardarlehen beläuft sich üblicherweise auf 3,5 bis 5% pro Jahr. Die Sparzeit beträgt mindestens 18 Monate, das Mindestsparguthaben 40% der Bausparsumme.

● Bei der **Disagiovariante** wird das Darlehen nicht zu 100%, sondern zu 95% bei einem Disagio von 5% ausgezahlt. Steuerlich kann das vor Eigennutzung eines Hauses oder einer Eigentumswohnung angefallene Disagio als Sonderausgabe steuermindernd geltend gemacht werden (§ 10e EStG). Steuerlich begünstigt ist nur das vor Eigennutzung angefallene Disagio, nicht aber der während der Eigennutzung zu entrichtende Darlehenszins. Durch die Disagiovariante wird die Zinsbelastung auf 3,5 oder 4% ermäßigt.

● Der **Schnelltarif** ist für Bausparer interessant, die das Baugeld möglichst rasch benötigen. Bei diesem Tarif muß der Bausparer anstatt 4‰ 6‰ der Bausparsumme ansparen und anstatt 6‰ 8‰ der Bausparsumme an Zins- und Tilgungsleistungen aufbringen. Das Mindestsparguthaben beträgt 50% der Bausparsumme.

Bei der Höhe der Bausparsumme sollte sich der Sparer an den Kosten für den geplanten Bau, den zur Verfügung stehenden Eigenmitteln sowie dem monatlichen Nettoeinkommen orientieren. Vielfach ist es für den Sparer am günstigsten, den Bausparvertrag mit einem Hypothekendarlehen zu kombinieren. Hierdurch nutzt er den geringen Zinsaufwand für das Bauspardarlehen einerseits sowie die günstigen Tilgungsraten für das Hypothekendarlehen andererseits.

Spareinlagen bei öffentlichen Bausparkassen sind gesetzlich geschützt und damit völlig sicher. Auch das Recht des Bausparers auf Auszahlung eines zinsgünstigen Darlehens ist geschützt.

Beachten Sie die Sperrfristen

Bauspareinlagen können jederzeit zurückgefordert werden. Allerdings kann dies steuerlich von Nachteil sein. Für den Abzug von Bausparbeiträgen als Sonderausgaben gilt nämlich eine Sperrfrist von 10 Jahren, werden Wohnungsbauprämien geltend gemacht, von 7 Jahren.

Diese Sperrfristen gelten nicht, wenn

- der Bausparer die Bausparmittel sofort und direkt dem Wohnungsbau zuführt (oder wenn dies sein Ehepartner tut),
- der Käufer des Bausparvertrags die Wohnungsbaupflicht übernimmt,
- der Bausparer oder dessen Ehegatte stirbt oder völlig erwerbsunfähig oder
- der Bausparer lang und andauernd arbeitslos wird.

Nach Ablauf der Festlegungsfrist kann der Bausparer frei über die Bauspareinlage verfügen, auch wenn er seine Bauabsicht nicht verwirklicht hat.

Einen einmal abgeschlossenen Bausparvertrag sollte der Sparer mit Einzahlungen in einer Höhe, die mindestens den vollen Wohnungsbauprämienanspruch oder die voraussichtliche Steuerermäßigung als Sonderausgaben sichern, bis zur Zuteilungsreife durchhalten. Jeder vorzeitige Abbruch bringt insofern Nachteile, als die Abschlußgebühren, die Kontoführungs- und Buchungsgebühren sowie entgangene Zinsen eingebüßt werden.

Hat der Sparer für das Bauspardarlehen keine Verwendung, kann er nach Zuteilung und Ablauf der Bindungsfristen seinen Darlehensanspruch gegebenenfalls an andere Bauwillige verkaufen.

Der Übertragung eines Darlehensanspruchs muß die Bausparkasse zustimmen. Die meisten Bausparkassen stimmen nur nach strengen Maßstäben zu, z. B. einer Übertragung auf nahe Verwandte. Die Übertragung von Bausparverträgen auf nahe Verwandte ist übrigens auch vor Ablauf der Sperrfrist ohne Einbuße der Wohnungsbauprämie oder der Einkommensteuervorteile möglich.

Welche Kosten und Steuern fallen an?

Bei Bausparverträgen fallen eine Abschlußgebühr in Höhe von 1% der Abschlußsumme sowie eine Darlehensgebühr als Verwaltungsgebühr in Höhe von 2% des Darlehens an.

Steuerlich waren die Zinsen aus Bausparguthaben bis zum 1. 1. 1987 bei den Einkünften aus Vermietung und Verpachtung (§ 21 EStG) zu erfassen, wenn sie mit dem Erwerb oder dem Umbau eines Hauses zusammenhingen. Bei selbstbewohnten eigenen Wohnungen, die seit dem 1. 1. 1987 nicht unter § 21 EStG fallen, sind die Guthabenzinsen Einnahmen aus Kapitalvermögen im Sinn von § 20 EStG. Damit steht dem Bausparer auch der Sparerfreibetrag (600 DM/1.200 DM) und der Werbungskostenpauschbetrag (100 DM/200 DM) zu. Darüber hinaus kann er seine Bausparbeiträge im Rahmen der Höchstbeträge als Sonderausgaben abziehen.

9 Versicherungen

● Der Urtyp der Lebensversicherung ist die reine **Risiko-Lebensversicherung**. Im Versicherungsfall, dem Todesfall, wird die Versicherungssumme als Kapital einmalig ausbezahlt und dient dem Ausgleich entgehender Einkünfte. Bleibt der Versicherungsnehmer während der Laufzeit des Vertrags am Leben, sind die Prämien verfallen. Deswegen spielt die reine Risiko-Lebensversicherung auch nur eine untergeordnete Rolle. Sie dient vor allem

- ○ als Restschuldversicherung zur **Abdeckung von Bankkrediten** (mit fallender Versicherungssumme),
- ○ zur Absicherung von **Bauspardarlehen** und
- ○ als Einstieg in eine gemischte **Versicherung für junge Familien** zwischen 25 und 40.

● Häufiger ist eine **gemischte Lebensversicherung** (oder Kapital-Lebensversicherung). Primär soll Vermögen für die Altersversorgung gebildet werden. Die Versicherung leistet bei Tod oder Versicherungsablauf eine Kapitalsumme, deren Höhe sich nach der gezahlten Prämie, dem Alter und der ausgewählten Gesellschaft richtet. Kapital-Lebensversicherungen werden entweder als Einzelvertrag auf den Versicherungsnehmer allein oder in Form der verbundenen Lebensversicherung auf den Partner abgeschlossen.

Beiträge für eine Kapital-Lebensversicherung sind höher als für eine einfache Risiko-Lebensversicherung. Die meisten Tarife sehen vor, daß eine Risikoversicherung bis zum Ablauf in eine Kapital-Versicherung umgewandelt werden kann.

Den gleichen Effekt wie mit einer Kapital-Lebensversicherung erreicht, wer nur eine reine Risiko-Lebensversicherung mit niedrigen Beiträgen abschließt und die ersparten Prämienteile nach Art einer Lebensversicherung in festverzinslichen Wertpapieren, Hypotheken und anderen Werten anlegt.

Wie sind die Renditen?

In der Regel liegt die Rendite bei Kapital-Lebensversicherungen kaum über 5% und sichert damit nicht viel mehr als die Erhaltung der Kaufkraft. Das liegt daran, daß die Beiträge der Versicherungsnehmer zu einem erheblichen Teil nicht angelegt werden können, sondern anderweitig benötigt werden.

Renditeversprechungen der Versicherungsgesellschaften sind schon deshalb problematisch, weil die von ihnen prognostizierten Renditen auf den derzeit und in der Vergangenheit ausgewiesenen Gewinnanteilen basieren. Außerdem weichen die voraussichtlichen Aufbauleistungen der einzelnen Gesellschaft zum Teil erheblich voneinander ab. Die Rendite verschlechtert sich mit zunehmendem Eintrittsalter, da der Risikoanteil an der Prämie wächst.

Die Prämien werden wie folgt aufgeteilt:

- Risikosparanteil. Aus ihm decken die Versicherungsunternehmen die vorzeitigen Auszahlungen an Versicherungsnehmer infolge Todesfalls innerhalb der Laufzeit der Versicherung. Diese Anteile gehen demjenigen Lebensversicherungsnehmer, der den Ablauf seines Vertrags erlebt, verloren (= Preis für den Versicherungsschutz).
- Verwaltungskostenanteil. Aus ihm decken die Lebensversicherungsunternehmen ihre vielfältigen Kosten (= Preis für die Inanspruchnahme der Dienste des Lebensversicherungsunternehmens).
- Sparanteil. Hieraus sparen die Lebensversicherungsunternehmen die Prämienreserve (Deckungsrücklage oder -kapital) an, um bei Fälligkeit die vereinbarten Versicherungssummen auszuzahlen. Nur dieser Beitragsanteil kommt dem Versicherungsnehmer als Geldanlage zugute.

Die von den Versicherungsgesellschaften erzielten Erträge werden wie folgt verwendet:

Die **rechnungsmäßigen Zinsen** zur Bildung des Deckungskapitals, die **außerrechnungsmäßigen Erträge** (= Zinsen, Sterblichkeitsgewinne, Verwaltungskostenersparnisse) werden zum Teil

— dem einzelnen Vermögen als Erträge gutgeschrieben

oder

— der Rückstellung für Beitragsrückerstattung zugeführt. Diese Rückstellung wird von den Versicherungsgesellschaften für die laufenden Gewinnanteile während der Laufzeit sowie für die Schlußgewinnanteile bei Ablauf der Versicherung verwendet.

Neben der klassischen Form der Kapitallebensversicherung gibt es folgende weitere Varianten.

- Die **Direktversicherung** ist eine steuerlich begünstigte Form der Lebensversicherung (§ 40b EStG). Ein Arbeitgeber schließt eine Lebensversicherung ab, bei der der Arbeitnehmer für alle Leistungen bezugsberechtigt ist. Die Lebensversicherung muß mindestens bis zum 60. Lebensjahr des

Arbeitnehmers laufen. Die Beiträge für die Direktversicherung, zuzüglich einer Pauschalsteuer von 15% und ggf. zuzüglich einer pauschalen Lohnkirchensteuer, werden ab 1990 vom Gehalt des Arbeitnehmers abgezogen. Die maximal begünstigte Prämie beträgt ab 1990 monatlich 250 DM, jährlich also 3.000 DM.

● Durch Einrichtung eines **Prämiendepots** und durch Einzahlung eines bestimmten Kapitalbetrags in das Depot einer Versicherung kann der Anleger vor allem die Rendite bei kürzer laufenden Lebensversicherungen erhöhen. Das Prämiendepot stellt ein Sparkonto dar, auf dem der eingezahlte Betrag verzinst wird. Von diesem Konto wird die Prämie für die Lebensversicherung jährlich abgebucht.

Die Zinserträge für das Prämiendepot sind einkommensteuerpflichtig und in der Einkommensteuererklärung anzugeben.

● **Fondsgebundene Lebensversicherungen** sind gemischte Policen auf den Lebens- oder Todesfall, mit regelmäßiger Prämienzahlung. Sie sind vor allem Anlegern zu empfehlen, die renditeorientiert sind, Risiken nicht scheuen und die Grundversorgung bereits gesichert haben.

Anders als bei der Kapital-Lebensversicherung besteht bei der fondsgebundenen Lebensversicherung die Anlage aus Zertifikaten eines Investmentfonds. Es werden besonders renditeträchtige Titel, insbesondere Aktien und festverzinsliche Wertpapiere, bevorzugt. Bei Kurssteigerungen erzielt der Versicherungsnehmer einen Wertzuwachs, bei Kursrückgängen trägt er das Risiko der Wertminderung. Das Sparziel wird in der Regel abgesichert durch Vereinbarung einer Mindestleistung bei Tod.

Der Anleger kann die Anlageform weitgehend selbst wählen. Von ihrer Wahl hängt vor allem die Rendite ab. So bieten z. B. Aktienfonds höhere Gewinnchancen, sind dafür aber stärker kursgefährdet als festverzinsliche Wertpapiere und Immobilien.

Der Anlagestock ist in Anteilseinheiten unterteilt. Der DM-Wert einer Anteilseinheit richtet sich nach der Wertentwicklung des Anlagestocks. Erlebt der Versicherungsnehmer den Ablauf des Versicherungsvertrags, erhält er als Bezugsberechtigter Wertpapiere aus dem Anlagestock in Höhe der für die Versicherung gutgeschriebenen Anteilseinheiten. Stirbt der Versicherungsnehmer vorher, werden ebenfalls Wertpapiere in Höhe der gutgeschriebenen Anteilseinheiten übergeben.

Der Versicherungsnehmer kann anstelle der Leistung von Wertpapieren Auszahlung in DM verlangen. Bei der Wahl der Leistungen in Wertpapieren hat er eine Übertragungsgebühr in Höhe von 1% des Werts der Anteilseinheiten, höchstens jedoch 300 DM, zu entrichten.

Wie werden die Erträge besteuert?

Alle Zinsen aus Lebensversicherungen, die durch Anlage der Sparanteile erwirtschaftet werden, sind einkommensteuerpflichtig (§ 20 Abs. 1 Nr. 6 EStG), also sowohl die rechnungsmäßigen, als auch die außerrechnungsmäßigen Zinsen.

- **Rechnungsmäßige Zinsen** sind solche auf den Sparanteil, die bei der Berechnung des Versicherungsbeitrags berücksichtigt worden sind. Sie dienen dazu, die vereinbarte Versicherungssumme über die Laufzeit des Vertrags hinweg aufzubauen. Der Beitragsberechnung wird dabei eine feste Verzinsung zugrunde gelegt. Sie ist vom Versicherungsunternehmen vorsichtig zu bemessen, um eine dauernde Erfüllbarkeit der Versicherungsverträge zu gewährleisten. Der Zinssatz beträgt gegenwärtig 3,5% und ist vom Versicherungsunternehmen gegenüber der Aufsichtsbehörde in einem Geschäftsplan festzulegen.

- **Außerrechnungsmäßige Zinsen** bilden demgegenüber einen Teil des vom Versicherungsunternehmen erwirtschafteten Überschusses und entstehen daraus, daß Versicherungsunternehmen höhere Erträge erwirtschaften als bei der Beitragskalkulation durch die rechnungsmäßigen Zinsen berücksichtigt wurde.

Steuerpflichtig sind sowohl die rechnungsmäßigen als auch die außerrechnungsmäßigen Zinsen erst bei Zufluß, also bei Eintritt des Versicherungsfalls, bei Tod, Vertragsablauf oder Rückkauf. Außerrechnungsmäßige Zinsen können darüber hinaus noch über Beitragsrückerstattungen oder Verrechnung von Beiträgen mit Zinsen zufließen.

Steuerfrei sind Zinsen aus Versicherungen, die zum Sonderausgabenabzug berechtigen (§ 10 Abs. 1 Nr. 2b EStG), allerdings nur, soweit sie mit Beiträgen verrechnet oder im Versicherungsfall bzw. im Fall des Rückkaufs des Vertrags nach Ablauf von 12 Jahren seit Vertragsabschluß ausgezahlt werden.

Die nach § 20 Abs. 1 Nr. 6 EStG steuerpflichtigen Zinsen unterliegen der **Kapitalertragsteuer** (§ 43 Abs. 1 Nr. 4 EStG).

Steuervorteile

Beiträge zu Risiko-Lebensversicherungen (sowohl Einmalbeträge als auch laufende Prämien) können als Vorsorgeaufwendungen im Rahmen bestimmter Höchstbeträge als Sonderausgaben geltend gemacht werden (§ 10 Abs. 1 Nr. 2b EStG). Die Höchstbeträge liegen für ledige Arbeitnehmer gegenwärtig bei jährlich 2.340 DM und zusätzlich bei der Hälfte von 2.340 DM. Bei Eheleuten betragen sie das Doppelte. Diese Höchstgrenzen werden bereits bei durchschnittlichem Einkommen durch die Renten-, Kranken- und Arbeitslosenversicherung überschritten.

Bei der Kapital-Lebensversicherung können Prämien wie bei der Risikolebensversicherung im Rahmen der Höchstbeträge geltend gemacht werden, wenn eine Mindestlaufzeit von 12 Jahren vereinbart worden ist.

Beiträge zu fondsgebundenen Lebensversicherungen können seit 1975 nicht mehr im Rahmen der Vorsorgeaufwendungen geltend gemacht werden. Der Ertrag (Auszahlung) unterliegt jedoch nicht der Einkommensteuer, wenn der Vertrag eine Mindestlaufzeit von 12 Jahren hat, die Auszahlung frühestens 12 Jahre nach Vertragsabschluß erfolgt (außer bei Tod) und der Vertrag gegen laufende Beitragszahlung angespart wurde. Bei kürzerer Laufzeit behält die Versicherungsgesellschaft die 25%ige Kapitalertragsteuer direkt ein. Unrichtig ist, wie gelegentlich von Versicherungen behauptet, daß die fondsgebundene Lebensversicherung gegenüber den anderen Fondseinlagen einen steuerlichen Vorteil hat. So bestehen z. B. die Erträge bei Aktienfonds und bei den offenen Immobilienfonds im wesentlichen aus steuerfreien Wertzuwächsen bzw. Kursgewinnen und nicht aus steuerpflichtigen Ausschüttungen und Mieten.

Private Rentenversicherung

Bei der privaten Rentenversicherung zahlt die Rentenversicherung dem Versicherungsnehmer zu dessen Lebzeiten eine bei Vertragsabschluß vereinbarte Rente. Es gibt zwei Grundformen sowie zahlreiche Varianten und Kombinationen privater Rentenversicherungen.

Als Grundformen unterscheiden wir die sofort beginnende sowie die aufgeschobene Rente.

● Für die **sofort beginnende Rente** zahlt der Versicherungsnehmer einen bestimmten Betrag ein, der ihm einschließlich der Gewinnanteile in Form einer Monatsrente, solange er lebt, wieder zufließt. Diese Rentenform ist insbesondere für Menschen interessant, die kurz vor dem Ruhestand stehen.

● Bei der **aufgeschobenen Rente** wird, ähnlich wie bei der Kapital-Lebensversicherung, durch monatliche Beiträge (in Ausnahmefällen auch durch Einmalzahlung) das Deckungskapital angespart. Die Rente erhält der Versicherte erst nach einigen Jahren zum vereinbarten Zeitpunkt.

Daneben gibt es zahlreiche **Tarifvarianten**, z. B.

○ die Versicherung auf ein Leben, bei der nur der Versicherungsnehmer eine Rente erhält,

○ die Witwen-/Witwenzusatzrente, bei der beim Tod des Versicherten der Partner die regelmäßige monatliche Rente weiter erhält,

○ die Waisenrente, bei der die Kinder nach dem Tod der Ehefrau die Rente bekommen.

Steuerlich können vor Rentenbeginn monatliche Prämienzahlungen als Vorsorgeaufwendungen abgesetzt werden, soweit der Rentenberechtigte die sogenannte Kapitaloption hat, d. h. der Kunde bis zum Rentenbeginn zwischen Rente oder Kapitalzahlung wählen kann und das Kapitalwahlrecht nicht vor Ablauf von 12 Jahren seit Vertragsabschluß ausgeübt werden darf.

Schuldzinsen für Kredite zur Finanzierung einer Kapital-Lebensversicherung oder einer Rentenversicherung mit Kapitalwahlrecht gegen Einmalbetrag sind grundsätzlich als Werbungskosten von den Einnahmen aus Kapitalvermögen abziehbar, sofern ein Überschuß der Einnahmen über die Ausgaben erwartet werden kann. Nicht abziehbar ist jedoch der Anteil der Schuldzinsen, der auf die Finanzierung des Risikoanteils entfällt. Da der Risikoanteil feststeht und von jeder Versicherungsgesellschaft mitgeteilt werden kann, ist insoweit eine Aufteilung der Schuldzinsen in Werbungskosten einerseits und in Aufwendungen der Lebensführung andererseits aufgrund objektiver Merkmale möglich (§ 12 EStG).

10 Berlin-Darlehen

Berlin-Darlehen sind steuerbegünstigte Kapitalanlagen, die das Ziel haben, unternehmerische Investitionen oder den sozialen Wohnungsbau in Berlin, entsprechend dem Berlinförderungsgesetz, zu unterstützen (§§ 16 und 17 BerlinFG). Das Berlinförderungsgesetz verschafft einerseits dem Anleger erhebliche Steuervorteile, andererseits der Berliner Wirtschaft günstige Darlehen.

Der Anleger gibt sein Darlehen in der Regel an eine der Kapitalsammelstellen, die im Berlinförderungsgesetz genannt sind. Diese leiten die Darlehen entweder direkt oder durch Zwischenschaltung von Berliner Kreditinstituten an Bauwillige (§ 17 BerlinFG) oder an Berliner Unternehmer zu Investitionen (§ 16 BerlinFG) weiter.

Der Anleger erhält Rückflüsse in Form von Zins und Tilgung. Darüber hinaus erhält er eine Steuerermäßigung in der Form, daß die Einkommensteuerschuld im Jahr der Darlehenshingabe um 12% bzw. 20% des Darlehensbetrags gekürzt wird, wobei die Kürzung der Steuerschuld nicht mehr als 50% betragen darf. Bei der Steuerersparnis handelt es sich um eine direkte Kürzung der durch die Veranlagung festgesetzten Steuerschuld.

● Nach **§ 16 BerlinFG** können unbeschränkt Steuerpflichtige der Berliner Industriebank AG oder der Niederlassung Berlin der Industrie Kreditbank AG Darlehen mit einer Laufzeit von mindestens 8 Jahren gewähren. Die Tilgung ist frühestens vom Ende des zweiten Jahrs mit 20% des Darlehensbetrags zugelassen. Werden diese Voraussetzungen erfüllt, können 12% des Darlehensbetrags im Jahr der Vergabe von der Steuerschuld abgezogen werden, wobei 50% der Steuerschuld nicht überschritten werden dürfen. Die Verwendung der Darlehensmittel ist zweckgebunden.

- Nach **§ 17 BerlinFG** können 20% des Darlehensbetrags im Jahr der Vergabe von der Steuerschuld abgezogen werden, soweit

- das Darlehen zur Förderung des sozialen Wohnungsbaus verwendet wird (auch für Umbau, Erweiterung, Modernisierung, Instandhaltung),
- eine Laufzeit von mindestens 25 Jahren vorgesehen ist (eine Rückzahlung in gleichbleibenden Raten oder in Form der Annuitätentilgung ist zulässig) und
- 50% der Steuerschuld einschließlich der nach § 16 abgesetzten Beträge nicht überschritten werden. Dabei gilt folgende einfache Faustregel: Nehmen sie immer das Zweieinhalbfache Ihrer Steuerschuld. Diese müssen Sie ungefähr schätzen, weil das Jahr bei Darlehenshingabe noch nicht zu Ende ist.

Berlin-Darlehen nach § 17 BerlinFG können von der Wohnungsbau-Kreditanstalt Berlin oder der Berliner Pfandbrief-Bank gewährt werden. Im Gegensatz zu den Darlehen nach § 16 BerlinFG können die Anlagebeträge nach § 17 BerlinFG auch durch die Aufnahme von Krediten finanziert werden.

Der Anleger darf sein Berlin-Darlehen bei einem Kreditinstitut entweder ganz oder zum Teil refinanzieren lassen. In der Gestaltung der Kreditkonditionen sind die Vertragspartner frei. Voll finanziert werden von den Kreditinstituten nur 80% der Darlehenssumme, die 20%ige Steuerersparnis wird als Eigenkapitaleinsatz angesehen. Darüber hinaus muß auch ein eventuell vereinbartes Disagio zusätzlich bei der Kreditaufnahme aufgebracht werden.

Das Anlageergebnis kann durch eine Kombination mit einer Kapital-Lebensversicherung verbessert werden. Dabei zahlt der Anleger seinen Kredit zur Refinanzierung nicht durch laufende Tilgungsleistungen, sondern einmalig durch die Ablaufleistung einer Lebensversicherung zurück. In diesem Fall wird der Refinanzierungskredit nicht durch den Lebensversicherer, sondern durch eine Bank gewährt. Wird das Berlin-Darlehen zu 80% finanziert, reichen die Rückflüsse nicht aus, die Kreditzinsen und die Lebensversicherungsprämie zu zahlen, so daß der Anleger übrigbleibende Spitzenbeträge zusätzlich erbringen muß.

Das Berlin-Darlehen hat als Anlage gegenüber anderen Anlageformen (z. B. festverzinslichen Wertpapieren) den Nachteil, daß das angelegte Geld nicht sofort verfügbar ist. Das Darlehen kann höchstens als Kreditsicherung abgetreten werden. Außerdem ermäßigt sich nur die Steuerschuld, nicht jedoch die Steuerprogression. Die Steuerersparnis von 12% bzw. 20% des Darlehensbetrags gilt nur für das Jahr der Darlehenshingabe. Entscheidend ist der tatsächliche Übergang des Darlehensbetrags in das Vermögen des Darlehensnehmers, nicht das Datum des Vertrags.

Die Steuervergütung kann bis zum Ablauf der Frist für die Abgabe der Einkommensteuererklärung geltend gemacht werden.

Zinserträge aus der Darlehenshingabe sind als Einkünfte aus Kapitalvermögen steuerpflichtig. Wird das Berlin-Darlehen ganz oder zum Teil **refinanziert**, können die anfallenden Zinsaufwendungen grundsätzlich als Werbungskosten abgezogen werden. Das gleiche gilt hinsichtlich eines Damnums für einen Kredit, welcher der Refinanzierung des Berlin-Darlehens dient. Die Abzugsfähigkeit der Zinsen für Refinanzierungen hängt nicht davon ab, ob dem Darlehensgeber in diesen Jahren Zinseinnahmen aus dem Darlehen zugeflossen sind. In Fällen, in denen die Refinanzierung mit dem Abschluß einer Lebensversicherung verbunden ist, werden die erhaltenen Tilgungsraten des Berlin-Darlehens nicht für die Rückführung des Refinanzierungskredits verwendet. In dem Verhältnis, in dem der Refinanzierungskredit das noch valutierende Berlin-Darlehen übersteigt, können die Schuldzinsen nicht als Werbungskosten aus Kapitalvermögen anerkannt werden. Es ist deshalb darauf zu achten, daß die Anbieter von Berlin-Darlehen die beschränkte Abzugsfähigkeit der Schuldzinsen in ihre Berechnungen einbeziehen. Die häufig anzutreffenden Vollfinanzierungen von Berlin-Darlehen brauchen damit jedoch nicht zu verschwinden. Manche Anbieter derartiger Varianten rechnen jedoch fast durchweg mit dem vollen Schuldzinsenabzug als Werbungskosten und schönen damit ihre Berechnungen.

Um die Steuerersparnis zu erhalten, hat der Steuerzahler die Darlehenshingabe in seiner Steuererklärung durch Beifügung einer Darlehensannahmeerklärung und einer Steuerbescheinigung des Darlehensnehmers, z. B. der Wohnungsbau-Kreditanstalt Berlin oder der Berliner Pfandbriefbank, nachzuweisen. Ist der Steuerzahler zu Vorauszahlungen verpflichtet, kann er unter Beifügung dieses Nachweises die vierteljährlichen Vorauszahlungen herabsetzen lassen.

Arbeitnehmer, die keine Vorauszahlungen leisten, müssen, um die Steuerbegünstigung zu erhalten, die Veranlagung zur Einkommensteuer beantragen (§ 18 BerlinFG).

11 Gewerbliche Beteiligungen

Gewerbliche Beteiligungen wie Beteiligungen in der Filmindustrie sowie Erdöl/Gas-Explorationen sind für Anleger besonders wegen der steuerlichen Verluste durch Abschreibungen interessant. Voraussetzungen für die steuerliche Anerkennung von Verlusten sind die Mitunternehmereigenschaft des beteiligten Anlegers sowie die Anerkennung der Gewerblichkeit der Gesellschaft. Aus gewerblichen Beteiligungen ergibt sich allerdings in der Regel keine echte Steuerersparnis, sondern nur ein Steueraufschub bis zum Verkauf der Beteiligung oder bis zum Konkurs des Unternehmens, wenn eine Nachversteuerung gemäß §§ 16 und 34 EStG erfolgt. Besteuert wird der Veräußerungsgewinn (= Differenz zwischen Veräußerungserlös und Kapitalkonto). Eingeschränkt werden die Steuervorteile durch die Beschränkung der Anerkennung der steuerlichen Verluste auf 100% des Nominalbetrags (§ 15a EStG).

Bevor sich ein Anleger für eine Beteiligung an einem gewerblichen Unternehmen entscheidet, sollte er das Angebot genau prüfen, da viele Angebote unseriös sind und häufig das Papier nicht wert, auf dem sie offeriert werden.

Manche Anleger machen den Fehler, nur die steuerlichen Vorteile zu sehen und nicht auf die (vorgegaukelte) Rendite zu achten. Nur wenige Anleger machen sich die Mühe, die in Hochglanz-Prospekten gemachten Angaben zu überprüfen. Im einzelnen gehört hierzu:

- Wird die Beteiligung von einem freien Anlageberater angeboten, muß es einen Treuhänder geben, der die Verwendung der Gelder kontrolliert. Dieser Treuhänder sollte auf jeden Fall Notar, Rechtsanwalt, Wirtschaftsprüfer oder Steuerberater sein.
- Vorsichtig sollte der Anleger besonders dann sein, wenn ein Beteiligungsangebot über alle Maßen gelobt wird. Er sollte stattdessen prüfen, ob der Prospekt etwas über die bisherige Leistungsbilanz des Initiators aussagt und ob die Prospektversprechen eingehalten worden sind.
- Weiterhin sollte der Anleger prüfen, ob der Prospekt eindeutig auf das Risiko der Kapitalanleger hinweist und die Unterlagen vollständig sind.
- Die Prospektangaben müssen richtig und vollständig sein (§ 264a StGB). Hierfür haftet der Vermittler.

12 Sonstige Anlageformen

12.1 Edelmetalle (Gold, Silber, Platin)

Gold vor allem war als Anlageform über Jahrhunderte hinweg über alle wirtschaftlichen und politischen Krisen in hohem Grade wertbeständig. Es gilt als Inflationsschutz schlechthin. Vor Krisenzeiten ist vor allem der Erwerb von physischem Gold wie Goldbarren oder Münzen aus laufender Prägung (z. B. Krügerrand, Maple Leaf) empfehlenswert.

Beim Kauf inländischer Goldmünzen wird in der Regel der volle Mehrwertsteuersatz von 14% erhoben. Dem halben Steuersatz von 7% unterliegen

Goldmünzen, deren Preis mehr als das Zweieinhalbfache ihres Goldwerts beträgt. Werden Goldbarren oder Münzen aus dem Ausland eingeführt, wird an der Grenze eine 14%ige Einfuhrumsatzsteuer erhoben.

Mehrwertsteuerfrei ist der Kauf von Gold in Luxemburg und in der Schweiz. Für diesen Erwerb haben deutsche Kreditinstitute bei ihren Tochtergesellschaften oder Partnerbanken in Luxemburg und der Schweiz Konten eingerichtet, über die deutsche Anleger Gold oder andere Edelmetalle mehrwertsteuerfrei erwerben und deponieren können. Bei der Einrichtung eines Goldkontos ist jedoch meistens eine Mindesteinlage von 20.000 DM erforderlich.

Darüber hinaus bieten Kreditinstitute besondere Sparpläne in Barrengold und gängigen Goldmünzen sowie Goldzertifikate und Goldterminkontrakte an. Bei Goldkonten und Goldzertifikaten besteht, vor allem in Krisenzeiten, die Gefahr, daß die Emissionshäuser (z. B. wegen administrativer Beschränkungen) ihren Lieferverpflichtungen nicht nachkommen können.

Physisches Gold eignet sich vor allem als Inflationsschutz in Krisenzeiten. Spekulative Anleger hingegen bevorzugen Goldaktien oder Goldoptionen.

Physisches Gold wirft, wie viele andere Sachwerte auch, keine laufende Rendite ab, sondern verursacht durch Depotgebühren, Safemieten und Versicherungsprämien noch Kosten. Dagegen fällt beim Erwerb von Goldminenaktien nicht nur keine Mehrwertsteuer an, sondern es wird, soweit Dividenden gezahlt werden, eine Verzinsung und damit eine Rendite erzielt. Goldminenaktien werden in denjenigen Ländern notiert (USA, Kanada, Australien und Südafrika), die in nennenswertem Umfang Gold gewinnen. Für die Anlegerentscheidung beim Erwerb von Goldminenaktien sind vor allem Produktivität und Lebensdauer der Goldminen sowie wirtschaftliche Faktoren und politische Risiken bedeutsam.

Neben dem unmittelbaren Erwerb von Goldminenaktien kann durch die Anlage in Goldfonds das Risiko gestreut werden. Außerdem ist eine Anlage in Goldanleihen möglich, bei denen Verzinsung, Tilgung und Rückzahlung an den Goldpreis gekoppelt sind. Die Anlage in Goldfonds und -anleihen ist jedoch immer mit einem Währungsrisiko verbunden.

Da Gold und andere Edelmetalle keine laufenden Erträge abwerfen, besteht keine Einkommensteuerpflicht. Eine Ausnahme gilt nur für den Wiederverkauf innerhalb der sechsmonatigen Spekulationsfrist (§ 23 Abs. 1 Nr. 1b EStG). Beim Erwerb ausländischer Goldminenaktien fällt bei Dividendenausschüttungen ausländische Quellensteuer an, von der sich der Anleger einen Teil erstatten und den Rest auf seine Einkommensteuerschuld anrechnen lassen kann. Die nordamerikanischen Aktiengesellschaften schütten in der Regel vierteljährlich, die südafrikanischen Aktiengesellschaften halbjährlich Dividenden aus.

Bei der Vermögensteuer liegt die Freigrenze für Edelmetalle pro Person bei einem gemeinen Wert von insgesamt 1.000 DM.

12.2 Wertgegenstände

Wertgegenstände (Edelsteine, Antiquitäten, Kunstwerke, Historische Wertpapiere, Münzen, Briefmarken, antiquarische Bücher, Waffen, historisches Spielzeug) sind als reine Sachwerte von Geldschwankungen unabhängig und eignen sich, wie Edelmetalle, zum Inflationsschutz. Dafür unterliegen sie jedoch Wertschwankungen, z. B. durch Konjunkturverlauf, Zinsniveau sowie Wandel des Geschmacks.

Auch mit Wertgegenständen sind laufende Erträge nicht zu erzielen. Durch Lagerung und Versicherung verursachen sie Kosten. Anleger machen häufig den Fehler, Wertgegenstände dann zu kaufen, wenn sie besonders beliebt sind. Daher ist der Preis oft überhöht.

Die Liquidität von Wertgegenständen ist gering. Je wertvoller und ausgefallener ein Stück ist, umso schwieriger ist es, dieses zu einem angemessenen Preis an den Mann zu bringen.

Die Möglichkeit, Wertgegenstände zu beleihen, stößt schnell an Grenzen, weil die meisten Kreditinstitute in der Bewertung unsicher sind. Darüber hinaus haben sie Schwierigkeiten, die Gegenstände als Sicherheiten sachgerecht ohne zu hohe Kosten bei sich aufzubewahren.

Einkommensteuer lösen Wertgegenstände in der Regel nicht aus, weil sie keine steuerpflichtigen Erträge abwerfen. Veräußerungsgewinne sind nur steuerpflichtig innerhalb der sechsmonatigen Spekulationsfrist.

Bei der Vermögensteuer besteht für Kunstgegenstände und Sammlungen eine Freigrenze von 20.000 DM pro Person. Dabe ist gerade für Kunstgegenstände der bei der Vermögensteuer anzusetzende gemeine Wert (= der bei einem Wiederverkauf zu erzielende Erlös) sehr vorsichtig zu schätzen, da die schwierige Verwertungsmöglichkeit zu berücksichtigen ist.

Kunstgegenstände und Sammlerstücke, antiquarische Bücher und Briefmarken unterliegen der Umsatzsteuer mit dem halben Steuersatz von 7%, Antiquitäten dagegen mit dem vollen Steuersatz von 14%.

13 Vermögensbildung von Arbeitnehmern

Macht ein Arbeitgeber den Arbeitnehmern im Rahmen eines Dienstverhältnisses Zuwendungen, gehören diese in der Regel zu den lohnsteuerpflichtigen Bezügen aus nichtselbständiger Arbeit (§ 19 Abs. 1 Nr. 1 EStG). Wendet der Arbeitgeber den Arbeitnehmern dagegen verbilligt oder unentgeltlich im Rahmen eines Dienstverhältnisses Vermögensbeteiligungen zu, so bleibt der dadurch zufließende Vorteil steuerfrei, soweit er nicht höher ist als der halbe Wert der Vermögensbeteiligung und insgesamt 500 DM im Kalenderjahr nicht übersteigt. Die Vermögensbeteiligung muß für die Dauer von 6 Jahren festgelegt werden (§ 19a Abs. 1 EStG). Wird vor Ablauf dieser Frist darüber verfügt, so kommt es zur Nachversteuerung (§ 19a Abs. 2 EStG).

Die Vermögensbeteiligung kann sowohl als betriebliche Beteiligung am Unternehmen des Arbeitgebers als auch als außerbetriebliche Beteiligung an einem anderen Unternehmen bestehen.

Als Vermögensbeteiligungen kommen in Betracht: **Aktien,** die von einer inländischen oder ausländischen Kapitalgesellschaft ausgegeben werden, wenn diese Kapitalgesellschaft Arbeitgeber des Arbeitnehmers ist, **Aktien** von anderen inländischen und ausländischen Aktiengesellschaften, wenn diese Aktien zum amtlichen Börsenhandel zugelassen oder in den geregelten Freiverkehr einbezogen sind (§ 19a Abs. 3 Nr. 1 EStG), **Wandel- und Gewinnschuldverschreibungen,** die von einem inländischen Unternehmen ausgegeben wurden (§ 19a Abs. 3 Nr. 2 EStG), **Genußscheine** oder entsprechende nichtnotierte Genußrechte, die von einem inländischen Unternehmen ausgegeben wurden, wenn damit das Recht am Gewinn des Unternehmens verbunden ist, ohne daß dadurch schon der Arbeitnehmer zum Mitunternehmer wird (§ 19a Abs. 3 Nr. 3 und Nr. 11 EStG), **GmbH-Anteile** (§ 19 Abs. 3 Nr. 8 EStG), Anteilscheine an einem **Investmentfonds**, wenn bei diesem für das vorletzte Geschäftsjahr vor Erhalt des Anteilscheins der Wert der Aktien mindestens 70% ausgemacht hat (§ 19a Abs. 3 Nr. 4 EStG), Anteilscheine an dem **Beteiligungssondervermögen einer Kapitalgesellschaft**, wenn die dazu gehörenden Aktien und stillen Beteiligungen mindestens 70% des Sondervermögens ausmachen (§ 19a Abs. 3 Nr. 5 EStG).

Als Wert der Vermögensbeteiligung gilt der gemeine Wert (= Verkehrswert, § 19a Abs. 8 EStG). Für notierte Aktien gilt der niedrigste am Tag der Überlassung notierte Börsenkurs.

Bei einer kostenlosen Überlassung von Aktien im Wert von 800 DM beläuft sich der steuerfreie Teil auf 400 DM, bei kostenloser Überlassung von Aktien im Werte von 1.200 DM wegen der Beschränkung auf 500 DM beträgt der steuerfreie Teil 500 DM.

13.1 Sparzulage

Die Vermögensbildung der Arbeitnehmer wird durch das 5. Vermögensbildungsgesetz staatlich dadurch gefördert, daß für vermögenswirksame Leistungen, die der Arbeitgeber für seine Arbeitnehmer erbringt, eine Sparzulage gewährt wird (§ 1 Abs. 1 VermBG). Die vermögenswirksame

Leistung kann in einem Tarifvertrag, einem Einzelvertrag oder in einer Betriebsvereinbarung mit dem Arbeitgeber vereinbart werden (§ 10 Abs. 1 VermBG). Zur Anlage in Beteiligungswerten ist ein Einzelvertrag erforderlich.

Eine Sparzulage können Arbeiter und Angestellte, aber auch Auszubildende, Heimarbeiter, Beamte, Richter und Soldaten erhalten (§ 1 Abs. 2 VermBG).

Vermögenswirksame Leistungen sind Geldleistungen, die der Arbeitgeber für den Arbeitnehmer erbringt, damit dieser sie in bestimmter Form anlegt. Diese Geldleistungen können normaler Arbeitslohn sein, aber auch Sonderzahlungen, die zu den Einkünften aus nichtselbständiger Arbeit gehören wie z. B. Weihnachtsgeld oder Urlaubsgeld. Der Arbeitnehmer ist frei in der Wahl der Anlageform sowie des Kreditinstituts, bei dem die Anlage erfolgen soll. Vermögenswirksam angelegt werden kann nur Arbeitslohn. Dieser darf noch nicht ausgezahlt worden sein.

Zu den vermögenswirksamen Anlageformen im Sinn des § 2 Abs. 1 Nr. 1 VermBG gehören verbriefte Beteiligungen wie Belegschaftsaktien (= Aktien, die von inländischen oder ausländischen Arbeitgebern ausgegeben werden), Aktien von inländischen Unternehmen, Aktien von ausländischen Unternehmen, wenn sie zum Börsenhandel zugelassen oder in den geregelten Freiverkehr einbezogen sind, Kuxe, Wandelschuldverschreibungen vom Arbeitgeber oder von anderen Unternehmen, die keine Kreditinstitute sind, Investmentanteile an einem Wertpapier-Sondervermögen, Investmentanteile an einem Beteiligungs-Sondervermögen, Investmentanteile an ausländischen Investmentfonds, Genußscheine von Arbeitgebern oder von anderen Unternehmen, die keine Kreditinstitute sind, nichtverbriefte Vermögensbeteiligungen wie Genossenschaftsanteile, GmbH-Geschäftsanteile, Beteiligungen als typische stille Gesellschafter am arbeitgebenden Unternehmen, Darlehensforderungen gegen den Arbeitgeber.

Grundsätzlich durch eine Arbeitnehmer-Sparzulage nicht mehr gefördert werden ab 1990 vermögenswirksame Leistungen zum Kontensparen und zu Kapitalversicherungsverträgen.

Bereits ab 1989 dürfen keine vermögenswirksamen Verträge über die Anlage in außerbetrieblichen stillen Beteiligungen mehr abgeschlossen werden (= Reaktion des Gesetzgebers auf die unerfreuliche Entwicklung im Bereich der außerbetrieblichen Beteiligungsfonds). Zulässig sind nur noch stille Beteiligungen am arbeitgebenden Unternehmen.

Höhe und Abwicklung der Sparzulage

Ein Arbeitnehmer erhält eine Sparzulage dann, wenn sein zu versteuerndes Einkommen im Kalenderjahr, in dem die vermögenswirksame Leistung erfolgt, 27.000 DM und im Fall der Zusammenveranlagung 54.000 DM nicht übersteigt. Für jedes Kind, für das er einen Kinderfreibetrag erhält, erhöht sich diese Grenze um 900 DM und um 1.800 DM im Fall der Zusammenveranlagung (§ 13 Abs. 1 VermBG). Die Sparzulage wird gewährt, soweit die vermögenswirksame Leistung 936 DM im Kalenderjahr nicht übersteigt. Für das Bausparen ist der Förderungsbetrag ab 1990 um 312 DM auf 936 DM erhöht worden.

Die Sparzulage beträgt für vermögenswirksame Beteiligungen am Produktivkapital 20%, für Bausparbeiträge 10%.

Sie gehört weder zu den steuerpflichtigen Einkünften noch gilt sie arbeitsrechtlich als Lohn oder Gehalt (§ 13 Abs. 4 VermBG) und wurde bisher mit dem laufenden Lohn vom Arbeitgeber ausbezahlt. Ab 1990 erfolgt die Auszahlung durch das Finanzamt im Rahmen des Lohnsteuer-Jahresausgleichs, der Einkommensteuerveranlagung oder auf besonderen Antrag auf einem amtlich vorgeschriebenen Vordruck.

B So werden Kapitaleinkünfte besteuert

Einkommensteuerpflichtig sind grundsätzlich die Erträge aus inländischem und ausländischem Kapitalvermögen (§ 20 EStG). Im einzelnen gehören hierzu **Gewinnanteile** (Dividenden) und sonstige Bezüge aus Aktien, Kuxen, Genußscheinen und GmbH-Anteilen (§ 20 Abs. 1 Nr. 1 EStG), Bezüge, die aufgrund einer **Kapitalherabsetzung** oder nach **Auflösung einer Kapitalgesellschaft** anfallen (§ 20 Abs. 1 Nr. 2 EStG), die nach § 36 ff. EStG anzurechnende oder zu vergütende **Körperschaftsteuer** (§ 20 Abs. 1 Nr. 3 EStG), Einkünfte des typischen **stillen Gesellschafters** (§ 20 Abs. 1 Nr. 4 EStG), Zinsen aus **Hypotheken** und **Grundschulden** (§ 20 Abs. 1 Nr. 5 EStG) sowie Zinsen aus **sonstigen Kapitalforderungen** jeder Art (§ 20 Abs. 1 Nr. 7 EStG), Zinsen aus den Sparanteilen bei bestimmten **Versicherungsansprüchen** (§ 20 Abs. 1 Nr. 6 EStG), **Diskontbeträge** von Wechseln (§ 20 Abs. 1 Nr. 8 EStG) und Erträge aus **Investmentanteilen** (§ 38 Abs. 1 KAGG).

Zu den Einkünften aus Kapitalvermögen gehören auch alle besonderen Entgelte und Vorteile, die neben den genannten Einkünften oder an deren Stelle gewährt werden (§ 20 Abs. 2 Nr. 1 EStG) sowie die Einkünfte aus der Veräußerung oder Abtretung von Dividendenscheinen und Zinsscheinen (§ 20 Abs. 2 Nr. 2 EStG). Soweit Kapitalerträge zu den Einkünften aus Land- und Forstwirtschaft, Gewerbebetrieb oder selbständiger Arbeit gehören, sind sie diesen Einkunftsarten zuzurechnen (§ 20 Abs. 3 EStG).

1 Die Ermittlung – keine Hexerei

Der Steuerzahler hat die Einkünfte aus Kapitalvermögen nach dem Überschuß der Einnahmen über die Werbungskosten zu ermitteln. Soweit er keine höheren Werbungskosten nachweist, kann von den Einnahmen aus Kapitalvermögen ein Werbungskosten-Pauschbetrag von 100 DM bzw. bei Zusammenveranlagung von 200 DM abgezogen werden. Diesen Betrag setzt das Finanzamt immer dann an, wenn vom Steuerzahler keine höheren Aufwendungen nachgewiesen werden.

Einnahmen aus Kapitalvermögen sind zum Nennwert zu erfassen. Unzulässig ist es also, eine möglicherweise eingetretene Geldwertverschlechterung zu berücksichtigen.

Zuzurechnen sind Kapitaleinkünfte grundsätzlich demjenigen, der im eigenen Namen und für eigene Rechnung Kapital zur Nutzung überläßt. Solange ein Steuerzahler nur wirtschaftlicher Inhaber einer Kapitalforderung ist, kann er sich dritter Personen bedienen. So legt z. B. ein Vermieter eine Mietkaution des Mieters für diesen und nicht für sich selbst an. Eine unentgeltliche Übertragung von Kapitalvermögen (z. B. durch Schenkung) führt dazu, daß künftig anfallende Erträge dem neuen Inhaber zugerechnet werden. Einen Nießbrauch einzuräumen genügt nicht.

Kapitaleinkünfte sind grundsätzlich in dem Zeitpunkt zu versteuern, in dem sie zufließen (§ 11 Abs. 1 EStG).

Unterscheiden Sie bitte bei Ermittlung der Einkünfte aus Kapitalvermögen zwischen dem Wertzuwachs einer Kapitalanlage einerseits und den aus der Kapitalanlage fließenden Erträgen andererseits. Wertveränderungen privater Kapitalanlagen wirken sich nämlich steuerlich nicht aus. Ein erzielter Gewinn oder Verlust bleibt, von den Fällen der Veräußerung von Anteilen an Kapitalgesellschaften bei wesentlicher Beteiligung (§ 17 EStG) und der Spekulationsbesteuerung (§ 23 EStG) abgesehen, steuerlich unberücksichtigt.

2 Ziehen Sie alle Werbungskosten ab?

Einkünfte aus Kapitalvermögen sind nur mit dem Betrag steuerpflichtig, mit dem die Einnahmen die Werbungskosten übersteigen (§ 2 Abs. 2 Nr. 2 EStG). Werbungskosten sind alle Aufwendungen, die dem Erwerb, der Sicherung und der Erhaltung der Kapitaleinnahmen dienen und mit der Erzielung von Kapitalerträgen wirtschaftlich zusammenhängen (§ 9 Abs. 1 EStG). Unzulässig ist ein Abzug solcher Aufwendungen, die auf steuerfreie Kapitalerträge entfallen (§ 3c EStG). Können Werbungskosten bestimmten steuerpflichtigen oder steuerfreien Erträgen nicht zugeordnet werden, sind sie durch Schätzung aufzuteilen.

● Der **Wertverlust** von Kapitalanlagen infolge eines allgemeinen Geldwertschwunds, eines Kursrückgangs oder infolge einer Werteinbuße bei der Veräußerung der Kapitalanlage, stellt keine Werbungskosten dar. Solche Wertverluste rechtfertigen auch keinen Steuererlaß aus Billigkeitsgründen.

● Zu den Werbungskosten gehören insbesondere **Schuldzinsen** für einen Kredit, mit welchem der Erwerb von Kapitalanlagen finanziert wurde. Abziehbar sind die Schuldzinsen jedoch nur in der Höhe, in der der Steuerzahler im Zeitpunkt des Erwerbs mit einem Überschuß der Kapitalerträge über die Schuldzinsen rechnen konnte. Dieser Überschuß braucht jedoch nicht sofort erzielt zu werden. Es reicht aus, daß der Steuerzahler beim Erwerb der Kapitalanlage mit einer (wenn auch geringen) Rendite rechnen konnte. Ob diese Erwartung sich später erfüllt, ist für den Abzug unbeachtlich. Diese Erwartung ist gegebenenfalls durch eine realistische Renditeberechnung nachzuweisen.

Tritt später die Absicht, eine Rendite zu erzielen, hinter der Absicht der Substanzverwertung zurück, so kann der Steuerzahler von diesem Zeitpunkt an Schuldzinsen dafür nicht mehr absetzen.

Veräußert der Steuerzahler die mit Kredit erworbene Kapitalanlage, ohne gleichzeitig den Kredit zu tilgen, so sind ab diesem Zeitpunkt die Schuldzinsen nicht mehr abzugsfähig, weil der Zusammenhang zwischen Kapitalerträgen und Schuldzinsen entfallen ist. Veräußert er nur einen Teil der Kapitalanlage, so sind die Schuldzinsen in dem Verhältnis aufzuteilen, in dem der veräußerte zu dem nicht veräußerten Teil der Kapitalanlage steht. Bei mit Kredit erworbenen Wertpapierbeständen sind die Schuldzinsen auf das Wertpapierdepot nach Wertpapiergruppen aufzuteilen (BFH, Urteil v. 27. 6. 1989, BStBl 1989 II S. 934).

● Außer den Schuldzinsen sind auch sonstige Aufwendungen, die wirtschaftlich mit der Erzielung von Kapitaleinkünften zusammenhängen, als Werbungskosten abziehbar, z. B. **Depotgebühren, Safemiete,** Kosten für **Fachzeitschriften** und **Aktien-Informationsdienste, Reisekosten** (z. B. Fahrten zur Bank oder Hauptversammlung), **Software-Programme, Seminargebühren, Mitgliedsbeiträge** für Investmentclubs, **Telefaxgebühren,** Kosten für **Steuerberater.** Bei großen Kapitalvermögen, deren Verwaltung eine umfangreiche Tätigkeit erfordern, können auch Ausgaben für **Bürokräfte, Büromiete** und **Telefon** als Werbungskosten abziehbar sein. Gebühren für **Vermögensverwaltung** sind Werbungskosten, soweit sie durch die Erzielung von Kapitalerträgen veranlaßt sind. Abziehbar sind die Aufwendungen auch dann, wenn bei Erwerb einzelner Kapitalanlagen außer der Hoffnung auf Erträge auch die auf eine Wertsteigerung eine Rolle spielt.

● Ist die Gebühr für Vermögensverwaltung **erfolgsabhängig**, ist der Teil, der auf nicht steuerbare Wertsteigerungen entfällt, nicht abzugsfähig, unabhängig davon, ob aus den im Wert gestiegenen Kapitalanlagen zugleich steuerpflichtige Einnahmen erzielt werden. Erhält der Vermögensverwalter ein **Pauschalentgelt** dafür, einen dauerhaften Erfolg des Wertpapierdepots zu erzielen, ist das Pauschalentgelt m. E. entsprechend aufzuteilen.

Nicht als Werbungskosten abziehbar sind Aufwendungen, die unmittelbar mit der **Veräußerung von Kapitalanlagen** zusammenhängen.

Keine Werbungskosten, sondern Anschaffungskosten sind **Bank- und Maklergebühren** sowie die **Börsenumsatzsteuer**.

● Außer den Werbungskosten, ggf. dem Werbungskosten-Pauschbetrag, kann bei Ermittlung der steuerpflichtigen Kapitaleinkünfte zusätzlich noch der **Sparerfreibetrag** von 600 DM, bei Zusammenveranlagung von 1.200 DM, abgezogen werden. Er darf nicht höher sein als die um die Werbungskosten geminderte Kapitaleinlage. Dies bedeutet, daß der Sparerfreibetrag nicht zu negativen Einkünften führen kann (Abschnitt 156a EStR).

3 Welche Einnahmen unterliegen der Kapitalertragsteuer?

Das ergibt sich aus § 43 Abs. 1 EStG. Danach unterliegen dem Steuerabzug auch besondere Entgelte oder Vorteile im Sinn von § 20 Abs. 2 Nr. 1 EStG, die neben den in § 43 EStG bezeichneten Kapitalerträgen oder an deren Stelle gewährt werden. Dabei gibt das Gesetz eine Klarstellung. Es kommt allein auf den wirtschaftlichen Gehalt an und nicht auf die Bezeichnung der Erträge.

In folgenden Fällen fällt 25% Kapitalertragsteuer an:

● Bei Kapitalerträgen im Sinn von § 43 Abs. 1 Nr. 1 EStG handelt es sich um **Gewinnanteile** (Dividenden), **Ausbeuten** und **sonstige Bezüge aus Aktien, Kuxen** und **Genußrechten**, mit denen das Recht am Gewinn und Liquidationserlös einer Kapitalgesellschaft verbunden ist, aus Anteilen an einer **GmbH**, an **Erwerbs- und Wirtschaftsgenossenschaften**, an **bergbautreibenden Vereinigungen**, die die Rechte an juristischen Personen haben, sowie Bezüge, die aufgrund einer **Kapitalherabsetzung** oder nach **Auflösung unbeschränkt steuerpflichtiger Körperschaften** anfallen.

Steuerpflichtig sind vor allem **offene Gewinnausschüttungen, Vorabschüttungen** sowie **verdeckte Gewinnausschüttungen** (§ 8 Abs. 3 KStG). Nicht steuerpflichtig sind dagegen Ausschüttungen auf Investmentzertifikate. Sie unterliegen jedoch als Kapitalerträge im Sinn von § 20 Abs. 1 Nr. 1 EStG der Einkommensteuer.

● Kapitalerträge im Sinn von § 43 Abs. 1 Nr. 2 EStG sind Zinsen aus **Teilschuldverschreibungen**, bei denen neben der festen Verzinsung ein Recht auf Umtausch in Gesellschaftsrechte eingeräumt ist. Es handelt sich um sogenannte **Wandelanleihen**, bei denen dem Inhaber ein Umtauschrecht in Aktien eingeräumt wird. Sie dürfen nur auf Beschluß der Hauptversammlung der AG mit drei Viertel Mehrheit ausgegeben werden, soweit die Satzung nichts anderes bestimmt

Auch Zinsen aus Teilschuldverschreibungen, bei denen eine Zusatzverzinsung eingeräumt worden ist, die sich nach der Höhe der Gewinnausschüttungen des Schuldners richtet, sog. **Gewinnobligationen**, zählen hierzu. Bemißt sich die Zusatzverzinsung dagegen nach anderen Kriterien (z. B. der Höhe des nicht ausgeschütteten Gewinns), liegt keine Gewinnobligation vor. Es kann sich jedoch um Zinsen aus Genußrechten handeln.

Schließlich gehören dazu Zinsen aus **Genußrechten**, mit denen nicht das Recht am Gewinn und Liquidationserlös einer Kapitalgesellschaft verbunden ist. Genußscheine sind Wertpapiere ohne Nominalwertangabe, die ein Recht auf anteiligen Gewinn des ausgebenden Unternehmens verbriefen, aber kein Stimmrecht geben.

● Zu Kapitalerträgen im Sinn von § 43 Abs. 1 Nr. 3 EStG gehören Erträge aus Beteiligungen an einem Handelsgewerbe als **stiller Gesellschafter** und aus **partiarischem Darlehen**.

● Kapitalerträge im Sinn von § 43 Abs. 1 Nr. 4 EStG sind Zinsen aus **Versicherungen** (§ 20 Abs. 1 Nr. 6 EStG), soweit es sich um Zinsen handelt aus

- Kapitalversicherungen gegen Einmalbetrag,
- Rentenversicherungen mit Kapitalwahlrecht gegen Einmalbetrag,
- Rentenversicherungen mit Kapitalwahlrecht gegen laufende Beitragsleistung, bei denen die Auszahlung des Kapitals zu einem Zeitpunkt vor Ablauf von 12 Jahren seit Vertragsabschluß verlangt werden kann,
- Kapitalversicherungen gegen laufende Beitragsleistung, wenn der Vertrag nicht für die Dauer von mindestens 12 Jahren abgeschlossen worden ist,
- Versicherungen, die die Voraussetzungen von § 10 Abs. 1 Nr. 2b EStG erfüllen, soweit die Zinsen zum laufenden Vertrag oder im Fall des Rückkaufs des Vertrags vor Ablauf von 12 Jahren seit Vertragsabschluß mit dem Rückkaufswert ausgezahlt werden.

§ 43 Abs. 1 Nr. 5 EStG

● Kapitalertragsteuerpflichtig sind auch **Anleihe-Emissionen**, deren Ausgabe nach dem Kapitalmarkt-Förderungsgesetz vom 15. 12. 1955 erfolgte (§ 43 Abs. 1 Nr. 5 EStG). Gegenwärtig handelt es sich im wesentlichen noch um längerlaufende **Pfandbriefe** und **Kommunalschuldverschreibungen**, die spätestens innerhalb eines Jahrs nach Ausgabe zum Börsenhandel im Inland zugelassen wurden und auf die Dauer von mindestens 5 Jahren keine Änderung der Laufzeit sowie der Zinsbedingungen vorsahen.

4 So wird die Kapitalertragsteuer erhoben

4.1 Wer muß die Kapitalertragsteuer abführen?

Der Schuldner der Kapitalerträge muß die Kapitalertragsteuer für Rechnung des Gläubigers einbehalten und an sein Betriebsstättenfinanzamt abführen (§ 44 Abs. 1 S. 3 und 4 EStG). Maßgebend sind Ort und Sitz der Betriebsstätte des Schuldners.

Der Schuldner hat die gesamte Kapitalertragsteuer, die innerhalb eines Monats entstanden ist, jeweils bis zum 10. des folgenden Monats an sein Finanzamt abzuführen. Dabei kann er die Steuer auf den nächsten vollen DM-Betrag abrunden (§ 44 Abs. 1 S. 5 EStG). Ist der Schuldner der Kapitalerträge vorübergehend zur Zahlung nicht in der Lage, kann er sich den Kapitalertrag vom Gläubiger stunden lassen. In diesem Fall ist der Steuerabzug erst mit Ablauf der Stundungsfrist vorzunehmen.

4.2 Wann fällt Kapitalertragsteuer an?

Die Kapitalertragsteuer entsteht in dem Zeitpunkt, in dem die Kapitalerträge dem Steuerzahler als Gläubiger zufließen. Im Zeitpunkt des Zuflusses hat der Schuldner der Kapitalerträge die Steuern für Rechnung des Gläubigers abzuziehen und an das Finanzamt abzuführen (§ 44 Abs. 1 S. 2 EStG). Die Kapitalertragsteuer ist keine Jahressteuer. Es kommt nur auf den Zeitpunkt des Zuflusses an.

Kapitalerträge fließen dem Steuerzahler dann zu, wenn er wirtschaftlich über sie verfügen kann. Dazu ist nicht unbedingt ein Zahlungsvorgang erforderlich. Es reicht aus, wenn der Kapitalertrag gutgeschrieben oder verrechnet wird (§ 11 EStG, Abschnitt 116 EStR).

Beispiel:
A werden Dividenden am 15. 1. 1990 mit Wert 31. 12. 1989 gutgeschrieben. Kann A bereits am 31. 12. 1989 wirtschaftlich über die Dividenden verfügen, sind sie 1989 auch zugeflossen. Folglich fällt noch 1989 Kapitalertragsteuer an.

4.3 Die Haftung gegenüber dem Finanzamt

Behält der Schuldner der Kapitalerträge die Kapitalertragsteuer nicht vorschriftsmäßig ein und führt er sie an das Finanzamt nicht ab, haftet er u. U. für diese Steuer (§ 44 Abs. 7 S. 1 EStG). Das Finanzamt wird in diesem Fall einen Haftungsbescheid erlassen (§ 191 AO). Einen Haftungsbescheid braucht das Finanzamt nicht zu erlassen, wenn der Schuldner die einbehaltene Kapitalertragsteuer richtig angemeldet oder seine Zahlungsverpflichtung gegenüber dem Finanzamt oder einem Prüfungsbeamten des Finanzamts schriftlich anerkannt hat.

Hat der Schuldner die Kapitalertragsteuer nicht angemeldet oder die Zahlungsverpflichtung nicht anerkannt, so muß das Finanzamt einen förmlichen Haftungsbescheid erlassen. Der Schuldner haftet nur, soweit die Festsetzungsverjährung noch nicht eingetreten ist. Steueranspruch und Haftungsanspruch bestehen als selbständig verjährbare Ansprüche nebeneinander.

Der Steueranspruch darf gegenüber dem Gläubiger der Erträge noch nicht verjährt sein (§ 191 Abs. 5 AO). Dies gilt auch für den Fall, daß der Gläubiger beschränkt steuerpflichtig ist, so daß die Einkommensteuer auf die Kapitalerträge grundsätzlich mit dem Kapitalertragsteuer-Abzug abgegolten ist (§ 50 Abs. 5 EStG). Ist der Steueranspruch noch nicht verjährt, wird weiter geprüft, ob für den Haftungsanspruch die Festsetzungsverjährung eingetreten ist.

5 Steuerbescheinigungen, die Sie kennen sollten

Der Steuerzahler als Gläubiger der Kapitalerträge erhält vom Schuldner, der die Steueranmeldungen abzugeben hat (§ 45a Abs. 1 EStG), als Nachweis über die einbehaltene Kapitalertragsteuer eine Bescheinigung nach amtlich vorgeschriebenem Muster (§ 45a Abs. 2 S. 1 EStG), aus der ersichtlich sein müssen

- Name und Anschrift des Gläubigers,
- Art und Höhe der Kapitalerträge,
- Zahlungstag,
- Betrag der anrechenbaren Kapitalertragsteuer,
- Finanzamt, an das die Kapitalertragsteuer abgeführt wurde.

Darüber hinaus ist auch der Zeitraum anzugeben, für den die Kapitalerträge gezahlt wurden. Die Bescheinigung braucht nicht unterschrieben zu werden, sofern sie maschinell erstellt wird und den Aussteller erkennen läßt.

Werden Kapitalerträge für Rechnung des Schuldners durch ein inländisches Kreditinstitut gezahlt, wird diese Bescheinigung vom Kreditinstitut ausgestellt (§ 45a Abs. 3 EStG). In diesem Fall muß in der Bescheinigung auch der Schuldner angegeben werden, für den die Kapitalerträge gezahlt werden. Dafür kann auf die Angabe des Finanzamts, an das die Kapitalertragsteuer abgeführt worden ist, verzichtet werden.

Aus Vereinfachungsgründen ist es zulässig, daß Kreditinstitute anstatt einzelner Steuerbescheinigungen eine Jahres-Steuerbescheinigung erteilen, in der sämtliche abzugspflichtigen Kapitalerträge aufgeführt sind, die einem Depotinhaber innerhalb eines Kalenderjahrs gutgeschrieben worden sind.

Ist die Steuerbescheinigung **unzutreffend**, ist sie vom Aussteller zurückzufordern und gegebenenfalls durch eine berichtigte Bescheinigung zu ersetzen (§ 45 Abs. 5 EStG). Diese ist als solche zu kennzeichnen. Der Aussteller einer Steuerbescheinigung **haftet** für Steuern, die aufgrund einer nicht ordnungsgemäß erteilten Bescheinigung verkürzt worden sind sowie für Steuervorteile, die dadurch zu Unrecht gewährt wurden. Hat ein Kreditinstitut Kapitalerträge für Rechnung des Schuldners ausgezahlt, haftet es hinsichtlich der von ihm erteilten Steuerbescheinigung nicht für solche Merkmale, die ihm vom Schuldner der Erträge mitgeteilt worden sind.

6 Auf Kapitalertragsteuer kann auch verzichtet werden

● **Arbeitnehmer** sind grundsätzlich erst zur Einkommensteuer zu veranlagen, wenn ihr zu versteuerndes Einkommen bei Ledigen 27.000 DM und bei Verheirateten 54.000 DM übersteigt. Werden diese Höchstbeträge nicht überschritten, sind sie einkommensteuerpflichtig, wenn ihre Nebeneinnahmen mehr als 800 DM betragen (= mit allen Einkünften, die nicht der Lohnsteuer unterliegen). Es sind also nicht nur Einkünfte aus Kapitalvermögen zu berücksichtigen, sondern auch andere Einkünfte wie Renten und Mieten.

● **Nichtarbeitnehmer** müssen eine Einkommensteuererklärung abgeben, wenn sie als Ehegatten bei Zusammenveranlagung gemeinsam nicht lohnsteuerpflichtige Einkünfte von 11.399 DM oder mehr bezogen haben, bei Einzelveranlagung 5.669 DM.

● Einzelheiten, vom **Steuerabzug abzusehen**, ergeben sich aus § 44a EStG. Danach darf ein Steuerabzug unterbleiben bei Kapitalerträgen wie bei den Einnahmen aus der Beteiligung an einem Handelsgewerbe als typischer stiller Gesellschafter und Zinsen aus partiarischem Darlehen (§ 20 Abs. 1 Nr. 4 EStG) sowie bei den außerrechnungsmäßigen und rechnungsmäßigen Zinsen aus den Sparanteilen, die in den Beiträgen zu Versicherungen auf den Erlebens- oder Todesfall enthalten sind (§ 20 Abs. 1 Nr. 6 EStG).

Voraussetzung ist, daß der Gläubiger unbeschränkt steuerpflichtig und anzunehmen ist, daß für ihn eine Veranlagung zur Einkommensteuer nicht in Betracht kommt oder er eine von der Körperschaftsteuer befreite inländische Körperschaft, Personenvereinigung oder Vermögensmasse oder eine inländische Person des öffentlichen Rechts ist.

● In den Fällen des § 43 Abs. 1 Nr. 1, 2, 4, 5, 8a EStG kann der Steuerzahler **Erstattung der Kapitalertragsteuer** gegen Vorlage einer Nichtveranlagungs-Bescheinigung (NV-Bescheinigung) beantragen (§ 44b Abs. 1 EStG).

Bei Kapitalerträgen im Sinn des § 43 Abs. 1 Nr. 1 EStG ist eine Erstattung der Kapitalertragsteuer nur bei Erträgen aus Aktien möglich, die sich im Zeitpunkt des Zuflusses der Dividende in einem auf den Namen des Dividendenempfängers lautenden Wertpapierdepot befinden. In den übrigen Fällen (Aktien, die sich nicht in einem auf den Namen des Dividendenempfängers lautenden Wertpapierdepot befinden, den sogenannten Schalterfällen, sowie bei Gewinnausschüttungen auf Anteile an GmbH und Genossenschaften) kommt nur Anrechnung der Kapitalertragsteuer bzw. der Körperschaftsteuer bei der Veranlagung in Betracht (§ 36b Abs. 5 Nr. 2 und 44b Abs. 1 letzter Satz EStG).

Eine weitere nachträgliche Erstattungsmöglichkeit ergibt sich bei Erträgen aus Wertpapiersondervermögen und Beteiligungssondervermögen (Investmentfonds) (§§ 39a, 43a KAGG). Dem Erstattungsantrag hat der Steuerzahler beizufügen

— eine Nichtveranlagungs-Bescheinigung (NV-Bescheinigung) sowie

— eine Bescheinigung des Schuldners der Kapitalerträge (des Kreditinstitutes) über die steuerpflichtigen Kapitalerträge und über die einbehaltene Kapitalertragsteuer.

7 Die Nichtveranlagungs-Bescheinigung

Daß der Steuerzahler zur Einkommensteuer nicht veranlagt wird, hat er im Rahmen des Erstattungsverfahrens und der Abstandnahme vom Kapitalertragsteuerabzug durch Vorlage einer Nichtveranlagungs-Bescheinigung (NV-Bescheinigung) nachzuweisen. Diese Bescheinigung wird ihm auf Antrag vom Wohnsitzfinanzamt ausgestellt, und zwar in der Regel für höchstens 3 Jahre unter Vorbehalt des Widerrufs. Sie kann auch für eine kürzere Zeit ausgestellt werden, wenn eine Veranlagung im zweiten oder dritten Jahr nach dem Antrag abzusehen ist.

Wer eine NV-Bescheinigung hat, kann die Kapitalerträge sofort und ohne Abzug gutgeschrieben erhalten.

Wählt ein Steuerzahler die Veranlagung zur Anrechnung der Kapitalertragsteuer nicht, so hat in folgenden Fällen (Nichtveranlagungsfällen) ein Antrag auf eine NV-Bescheinigung Aussicht auf Erfolg:

	Ehegatten	übrige Personen
● Bei **nicht lohnsteuerpflichtigen** Einkünften (ab 1990)		
Summe der Einkünfte nicht mehr als	11.399 DM	5.669 DM
● Bei **lohnsteuerpflichtigen** Einkünften		
Summe der Einkünfte nicht mehr als	54.000 DM	27.000 DM
● Summe der **Nebeneinkünfte** nicht mehr als	800 DM	800 DM
Diese Freigrenze gilt ab 1990 nur noch, wenn die Summe der zu versteuernden Einkünfte, die nicht der Lohnsteuer zu unterwerfen waren, oder die Summe der Einkünfte und Leistungen, die dem Progressionsvorbehalt unterliegen, jeweils mehr als 800 DM beträgt.		
● Einkünfte aus **mehreren Dienstverhältnissen**		
Ab 1990 werden Arbeitnehmer, die nebeneinander von mehreren Arbeitgebern Arbeitslohn bezogen haben, unabhängig vom Einkommen zur Einkommensteuer veranlagt.		
● **Beide Ehegatten** haben Einkünfte aus nichtselbständiger Arbeit		
Ab 1990 wird auf eine Einkommensgrenze verzichtet. Unabhängig von der Höhe des zu versteuernden Einkommens erfolgt eine Einkommensteuer-Veranlagung.		

Fallen die Voraussetzungen für eine Nichtveranlagungs-Bescheinigung weg, hat sie der Steuerzahler seinem Finanzamt zurückzugeben; z. B. dann, wenn er entgegen der bisherigen Sachlage zur Einkommensteuer zu

veranlagen ist oder eine Ehe eingeht. Liegen bei Ehegatten dann die Voraussetzungen für eine NV-Bescheinigung vor, ist diese auf Antrag hin zu erteilen. Stellt das Finanzamt von sich aus (z. B. aufgrund von Kontrollmitteilungen) fest, daß die dem Steuerzahler zugeflossenen Kapitalerträge zu einer Einkommensteuerveranlagung führen müssen, ist die NV-Bescheinigung zu widerrufen.
Eine NV-Bescheinigung wird im allgemeinen auch dann ausgestellt, wenn eine Veranlagung unter Berücksichtigung der **Kinder-Freibeträge** ein zu versteuerndes Einkommen ergibt, bei dem noch keine Einkommensteuer anfällt. Der Steuerzahler hat jedoch keinen Anspruch darauf. In sogenannten **Null-Fällen** (= wenn erst nach näherer Prüfung feststeht, daß Einkommensteuer nicht anfällt) wird das Finanzamt keine NV-Bescheinigung erteilen.

Um eine NV-Bescheinigung zu erhalten, muß der Steuerzahler auf dem amtlichen Vordruck NV 1 A, den er beim Finanzamt bekommt, einen **Antrag** stellen.

Die Finanzämter **prüfen** eingehend, ob eine Veranlagung zur Einkommensteuer durchzuführen ist oder nicht. Die NV-Bescheinigung ist also nichts anderes als eine fiktive Veranlagung mit einer Sachverhaltsaufklärung. Ergibt die Aufklärung, daß die Ausstellung der Bescheinigung nicht zulässig ist, erteilt das Finanzamt eine formlose Bescheinigung mit Rechtsbehelfsbelehrung (Beschwerde) und fordert den Antragsteller auf, eine Einkommensteuererklärung abzugeben. Der Steuerzahler hat als Gläubiger der Kapitalerträge aber einen rechtlichen Anspruch darauf, eine NV-Bescheinigung zu erhalten, wenn die gesetzlichen Voraussetzungen dafür vorliegen. Lehnt das Finanzamt den Antrag ab, kann hiergegen Einspruch eingelegt werden.

Keine NV-Bescheinigung erhalten:

- **Gesamthandsgemeinschaften** und **Bruchteilsgemeinschaften**, weil aufgrund der häufig unterschiedlich zu beurteilenden steuerlichen Verhältnisse der Mitglieder eine Feststellung über die Nichtveranlagung gar nicht oder nur schwierig zu treffen ist. Dies gilt auch für **Investment-Clubs**, die in der Regel als Gesellschaften des bürgerlichen Rechts anzusehen sind;

- Körperschaften; verzichtet ein Kreditinstitut in Nichtveranlagungsfällen nicht von vornherein auf den Abzug von Kapitalertragsteuer, bleibt dem nichtveranlagungspflichtigen Steuerzahler immer noch die Möglichkeit, einen Antrag auf Einkommensteuerveranlagung zu stellen (§ 46 Abs. 1 Nr. 8d EStG) und sich im Rahmen der Anrechnung die einbehaltene Kapitalertragsteuer erstatten zu lassen.

C Wie man die Besteuerung von Kapitalerträgen vermeidet

1 Das Ausland als Ausweichmöglichkeit?

Die bis zum 1. 7. 1989 erhobene zehnprozentige Quellensteuer löste eine in der Geschichte der Bundesrepublik einmalige Kapitalflucht in Länder wie die Schweiz, Liechtenstein und Luxemburg aus. Vor allem ausländischen Tochtergesellschaften deutscher Kreditinstitute hatte die Quellensteuer einen großen Zufluß privater Depots und Konten von ihren deutschen Muttergesellschaften gebracht. Dies läßt vermuten, daß manche Mark, die bisher in Deutschland steuerehrlich angelegt worden ist, in Zukunft steuerfrei im Ausland arbeitet.

Für den ehrlichen deutschen Anleger wäre ein Ausweichen auf ausländische Geldanlagen jedoch nur dann interessant, wenn die ausländischen Zinserträge im ausländischen Anlageland steuerfrei wären und auch in der Bundesrepublik keiner Steuer unterlägen.

Die Staaten **Dänemark, Norwegen, Schweden** und **Finnland** erheben weder eine Abzugssteuer auf Zinsen noch auf Wertpapiere. Das gleiche gilt für die **Niederlande** und **Luxemburg**. In beiden Ländern bleiben für deutsche Anleger die Erträge aus Wertpapieren und Bankdepots unbesteuert, sind jedoch in der Bundesrepublik steuerpflichtig. In **Frankreich** wird nur eine Abzugssteuer auf Wertpapiererträge erhoben, nicht jedoch auf Bankzinsen. Quellensteuer auf Dividenden und Wertpapiererträge werden dagegen in **Belgien, Italien, Großbritannien** und der **Schweiz** erhoben.

In der Schweiz wird von allen Schuldobligationen und Bankkonten eine Verrechnungssteuer von 35% als Fraudulensteuer einbehalten. In der Schweiz ansässige Zinsempfänger erhalten die Steuer auf die von ihnen erklärten Zinseinnahmen bei ihrer Steuerveranlagung auf die Steuerschuld angerechnet. Werden die Zinsen nicht erklärt, hat die Einbehaltung der Verrechnungssteuer die Wirkung einer endgültigen Renditeverkürzung. Dieser Effekt tritt vor allem auch bei ausländischen Beziehern schweizerischer Zinsen ein, sofern sie nicht nach einem Doppelbesteuerungsabkommen Befreiung von der Quellensteuer beanspruchen können.

Auch in anderen Staaten, die Quellensteuer erheben, wird die Quellenbesteuerung von Zinsen für den deutschen Anleger im allgemeinen durch Doppelbesteuerungsabkommen aufgehoben. Die Steuerentlastung hängt jedoch vom Nachweis eines deutschen Wohnsitzes ab.

Geld ins Ausland?

Die Anlage von Geld im Ausland hat Vor- und Nachteile. Zu bedenken ist besonders, daß Geld im Ausland, vor allem in den sog. Weichwährungen, in der Regel überdurchschnittlich gut verzinst wird, um das Währungsrisiko für den Anleger auszugleichen. Das Resultat nach einigen Jahren: weniger Geld zurück als hin.

Darüber hinaus besteht die Gefahr, an Anlageformen zu geraten, bei denen unter dem Strich Geld verloren geht. Außerdem sollte sich jeder bewußt sein, daß sich durch eine Kapitalflucht ins Ausland die Steuerlast nicht verringert.

● **Luxemburg** ist für ausländische Anleger besonders attraktiv, weil es für diesen Personenkreis keine Einkommensteuer, keine Quellensteuer auf Zinsen, keine Erbschaftsteuer, keine Vermögensteuer, keine Kapitalgewinnsteuer, keine Mehrwertsteuer auf Gold oder andere Edelmetalle, keine Steuer auf den Kapitalverkehr sowie keine Schenkungsteuer gibt.

Darüber hinaus besteht in Luxemburg ein strenges Bankgeheimnis, das die Preisgabe von Kundendaten, die nicht auf einer gerichtlichen Anordnung beruht, unter Strafe stellt. Außerdem gibt es, anders als in der Bundesrepublik, keine Meldung ans Finanzamt im Todesfall des Kunden.

Für die Tochtergesellschaften deutscher Kreditinstitute sind Anleger erst ab 100.000 DM interessant. Dafür kann der Anleger sein Kapital auch in DM anlegen, das Währungsrisiko entfällt also. Außerdem wird den Kunden eine qualifizierte Vermögensverwaltung geboten.

● Anders als Luxemburg ist die **Schweiz** nur für Anleger größerer Geldbeträge interessant, die eine erfahrene, besonnene, weltweite Vermögensverwaltung oder Aktienberatung suchen. Schweizer Banken nehmen jedoch nur noch solche ausländischen Kunden an, die mehrere 100.000 Franken anlegen wollen.

Ausländische Kleinkunden werden von Schweizer Banken in der Regel auf hauseigene oder von der Bankengruppe betriebene Investmentfonds verwiesen.

Vor- und Nachteile

Wer sein Geld im Ausland anlegen will, sollte sich dies reiflich überlegen, vor allem das Land und das ausländische Kreditinstitut sorgfältig auswählen.

Bei der Wahl des Landes ist vor allem auf das Währungsrisiko zu achten. Und wie der Schweizer Franken zeigt, besteht ein solches Risiko selbst bei starken Währungen. Aber es kann ausgeschaltet werden: Der schlaue Anleger errichtet beim ausländischen Kreditinstitut ein DM Konto und erwirbt darüber deutsche Aktien oder festverzinsliche DM Anleihen.

Bei der Wahl des ausländischen Kreditinstituts sollte der Anleger darauf achten, daß sein Ansprechpartner im Ausland für ihn leicht erreichbar ist.

Nur dann kann sich zwischen beiden ein persönliches Vertrauensverhältnis bilden, das für den Anlageerfolg wesentlich ist und durch persönliche Besuche vertieft werden sollte.

Kann oder will der Anleger sich um die Anlage seines Vermögens nicht selbst kümmern, sollte er ein ausländisches Kreditinstitut oder einen Vermögensverwalter mit der Verwaltung beauftragen. Dies rentiert sich allerdings für beide Seiten in der Regel erst bei sechsstelligen Summen.

Eine Streuung der Vermögensberatung und -verwaltung auf mehrere aus- oder inländische Kreditinstitute oder Berater mindert in der Praxis häufig die Qualität der Beratung. Andererseits verringern sich u. U. das Kursrisiko und Fehleinschätzungen. Inländische Kreditinstitute bieten in der Regel dieselben Anlagemöglichkeiten wie die ausländischen. Andererseits können die im Inland wenig bekannten Anlagemedien nur über ausländische Banken bezogen werden. Wer überlegt, Geld im Ausland anzulegen, sollte vor allem auf die Sicherung des Bankgeheimnisses achten.

Ein gesetzlich geschütztes mit Freiheits- oder Geldstrafen bedrohtes Bankgeheimnis existiert in der Schweiz, Liechtenstein und in Luxemburg. Ersuchen von ausländischen Finanzbehörden werden nicht entsprochen, soweit es sich um die Verkürzung fiskalischer Abgaben handelt. Eine Ausnahme gilt in der Schweiz für einen Abgabebetrug, wenn ein Abgabepflichtiger gefälschte, verfälschte oder inhaltlich unwahre Urkunden vorlegt, in Luxemburg nur bei Strafsachen. Die in dem Doppelbesteuerungsabkommen zwischen Luxemburg und der Bundesrepublik vorgesehene Amtshilfe scheitert in der Praxis daran, daß Luxemburg die hierfür notwendigen verwaltungstechnischen Maßnahmen bisher nicht geschaffen hat.

Auskünfte von österreichischen Banken kann ein inländisches Finanzamt nur bei einem bereits anhängigen Strafverfahren und nur im Rahmen des deutsch österreichischen Rechtshilfeabkommens über ein österreichisches Gericht oder Finanzamt erhalten. Darüberhinaus sind Bankkunden in Österreich besonders geschützt. Sie können auf einen Phantasienamen ein Anonymkonto errichten.

Grundsätzlich: Wer Konten im Ausland errichtet, handelt legal, solange auf diesen Konten keine Schwarzgelder untergebracht und die hieraus erzielten Kapitalerträge nicht der Besteuerung durch den inländischen Fiskus vorenthalten werden.

Derartige Steuerhinterziehungen werden z. B. bei Zollkontrollen an den Grenzen zur Schweiz oder Luxemburg aufgedeckt, bei denen die Zollbeamten nicht nur auf die verbotswidrige Einfuhr von Gold und Goldmünzen, sondern auch auf Einzahlungsbelege von ausländischen Banken achten.

2 Einkünfte auf Kinder verlagern

Die Übertragung von Kapitalvermögen auf Kinder ist ein heutzutage vielfach beschrittener Weg, um Steuern zu sparen. Damit die Übertragung vom Finanzamt anerkannt wird, muß sie (wie überhaupt bei Vereinbarungen zwischen Eltern und Kindern) eindeutig, ernst gemeint und bürgerlichrechtlich wirksam sein sowie tatsächlich durchgeführt werden. Sie muß wirtschaftlich zu einer Änderung der Inhaberschaft am Kapitalvermögen führen. Was bedeutet das im einzelnen?

- Ist die schenkweise Übertragung des Kapitalvermögens **bürgerlichrechtlich unwirksam**, wird die Vermögensübertragung auch steuerlich nicht anerkannt.
- Richten Eltern zugunsten ihrer Kinder ein Sparkonto ein, wird darin eine steuerlich wirksame Vermögensübertragung gesehen, wenn die Eltern bei Abschluß des Vertrags über die Einrichtung des Sparkontos den für die Bank erkennbaren Willen hatten, die Guthabenforderung den Kindern endgültig und unwiderruflich zu übertragen; z. B. dadurch, daß die Gläubigerschaft der Kinder im Sparbuch vermerkt und die Kinder in den Anträgen auf Kontoeröffnung ausdrücklich als Gläubiger bezeichnet werden. Unerheblich ist dann, ob die Eltern das Sparbuch besitzen.
- Übertragen Eltern Kapitalvermögen auf ihre volljährigen Kinder und behalten sie sich weiterhin die Verfügungsbefugnis am übergebenen Vermögen vor (z. B. durch Einbehalt des Sparbuchs), sind dieses Vermögen sowie die Erträge daraus steuerlich den Eltern zuzurechnen.
- Noch ungeklärt ist die Frage, ob Einkünfte aus Kapitalvermögen auch dann steuerlich dem Kind zuzurechnen sind, wenn diese nach der Übertragung des Kapitalvermögens auf die Kinder durch die Eltern wieder für den Unterhalt der Kinder verwendet werden.
- Die unentgeltliche Übertragung von Kapitalvermögen auf Kinder unterliegt grundsätzlich der Schenkungsteuer. Dabei gilt für die Schenkung der Eltern an die Kinder ein Freibetrag von 90.000 DM je Elternteil.
- Das Finanzamt erhält in der Regel von der Vermögensübertragung auf Kinder nur ausnahmsweise Kenntnis; z. B. bei einer gerichtlichen oder notariellen Beurkundung der Schenkung, anläßlich von Betriebsprüfungen beim Schenker oder Beschenkten, beim Tod des Vermögensempfängers (z. B. des Kindes) oder wenn für den Vermögensempfänger ein Antrag auf Ausstellung einer NV-Bescheinigung gestellt wird.
- Neben der Möglichkeit, Kapitalvermögen auf andere Personen zu übertragen, können Kapitalerträge auf nahe Angehörige, insbesondere Kinder, übertragen werden, z. B. durch die Bestellung eines Nießbrauchs oder durch Abschluß eines Wertpapierpensionsgeschäfts.

3 Nießbrauch

Durch einen Nießbrauch wird ein dingliches Recht auf Nutzung des belasteten Wirtschaftsguts begründet, die der Berechtigte auch selbst ziehen kann und der bei ihm zu unmittelbar eigenen (originären) Einkünften führt. Voraussetzung für die steuerliche Anerkennung eines Nießbrauchs ist, daß alle bürgerlich-rechtlichen und steuerlichen Folgen daraus gezogen werden. Die Finanzverwaltung rechnet die Einkünfte dem Nießbrauchberechtigten unter folgenden Voraussetzungen zu:

— **Zivilrechtlich wirksame** Bestellung bei Vereinbarungen zwischen nahen Angehörigen,

— **Tatsächliche Durchführung** der getroffenen Vereinbarungen,

— **Mindestdauer von 1 Jahr und Schriftform** bei unentgeltlichem obligatorischen Nießbrauchsrecht.

Bestellen Eltern zugunsten ihrer **minderjährigen** Kinder einen dinglichen Nießbrauch, bedarf es der Mitwirkung eines Abschluß-Ergänzungspflegers. Dauer-Ergänzungspflegschaft ist für die Ausübung des Nießbrauchs nicht erforderlich. Auf die Bestellung eines Pflegers kann für den Fall des Bruttonießbrauchs verzichtet werden.

Die Art der Einkünfte des Nießbrauchers richtet sich nach der Einkunftsquelle, beim Nießbrauch an Kapitalerträgen handelt es sich um Einkünfte aus Kapitalvermögen, beim Nießbrauch am Anteil eines geschlossenen Immobilienfonds um Einkünfte aus Vermietung und Verpachtung.

Im einzelnen unterscheidet man zwischen **unentgeltlichem Zuwendungsnießbrauch, entgeltlichem Zuwendungsnießbrauch, unentgeltlichem Vorbehaltsnießbrauch** und **Vermächtnisnießbrauch** sowie **entgeltlichem Vorbehaltsnießbrauch**.

● Bei **unentgeltlichem Zuwendungsnießbrauch** werden die Kapitalerträge weiterhin dem Eigentümer zugerechnet, auch soweit sie dem Nießbraucher zufließen. Der Eigentümer hat die Kapitalerträge zu versteuern, hat jedoch auf der anderen Seite einen Anspruch auf Anrechnung der Kapitalertragsteuer und der Körperschaftsteuer. Überläßt der Eigentümer die Kapitalerträge dem Nießbraucher, handelt es sich um eine freiwillige Zuwendung des Eigentümers, die steuerlich nicht abzugsfähig ist (§ 12 Nr. 2 EStG). Andererseits braucht der Nießbraucher die Erträge nicht zu versteuern.

● Überträgt der Eigentümer die **Kapitalanlagen unentgeltlich** unter Vorbehalt des Nießbrauchs, so sind die Kapitalerträge steuerlich dem Nießbraucher zuzurechnen. Dieser hat Anspruch auf Anrechnung der Körperschaft- und der Kapitalertragsteuer.

● Bestellt der Eigentümer an einer Kapitalanlage einen **entgeltlichen**

Nießbrauch, hat er das dafür gezahlte Entgelt im Jahr des Zuflusses zu versteuern. Die anschließend dem Nießbraucher zufließenden Erträge werden weder bei ihm noch beim Eigentümer versteuert, da es sich um eine bereits vom Nießbraucher erworbene Kapitalforderung handelt.

Die Steuergutschrift in Form der Anrechnung der Körperschaftsteuer steht in Höhe von 9/16 des Entgelts, das für die Nießbrauchbestellung gezahlt worden ist, höchstens in Höhe von 9/16 der Ausschüttungen in dem Kalenderjahr, das auf die Nießbrauchbestellung folgt, ebenfalls dem Eigentümer zu. Die Anrechnung setzt voraus, daß der Eigentümer dem Finanzamt eine Bescheinigung der Kapitalgesellschaft oder des die Dividende auszahlenden Kreditinstituts vorlegt, aus welcher sich der jeweilige Ausschüttungssatz und der Zeitpunkt seiner Fälligkeit ergibt.

● Bei der Bestellung eines **entgeltlichen Vorbehaltsnießbrauchs** an einer Kapitalanlage ist das Entgelt für die Nießbrauchbestellung weder beim Eigentümer eine steuerpflichtige Einnahme noch beim Nießbraucher abzugsfähig. Die Kapitalerträge sind dem Nießbraucher zuzurechnen. Dieser hat auch den Anspruch auf Anrechnung der Körperschaft- und Kapitalertragsteuer.

D Die Vermögensteuer

Die Vermögensteuer richtet sich nach dem Vermögen, das der Steuerzahler zu Beginn des Kalenderjahrs hat. Vermögensteuerpflichtig sind alle natürlichen und juristischen Personen.

Bemessungsgrundlage für die Vermögensteuer ist bei unbeschränkt Steuerpflichtigen das Gesamtvermögen (§ 4 VStG), bei beschränkt Steuerpflichtigen das Inlandsvermögen, bei erweitert beschränkt Steuerpflichtigen das erweiterte Inlandsvermögen (§ 3 AStG). Entscheidend ist das Vermögen zum Veranlagungszeitpunkt, d. h. nach den Verhältnissen zu Beginn desjenigen Kalenderjahrs, für das die Vermögensteuerveranlagung durchgeführt wird. Zum Gesamtvermögen gehören insbesondere die Kapitalanlagen wie private Spareinlagen, Bankguthaben, Aktien, GmbH-Anteile, festverzinsliche Wertpapiere, Investmentzertifikate, Nießbrauchsrechte etc. (§ 110 Abs. 1 BewG). Vom Aktivvermögen sind Schulden und Lasten abzuziehen (§ 118 Abs. 1 BewG).

Das Gesamtvermögen eines Steuerzahlers unterliegt nur insoweit der Vermögensteuer, als es den **persönlichen Freibetrag** übersteigt. Dieser beträgt für natürliche Personen 70.000 DM (§ 6 Abs. 1 VStG). Hat der Steuerzahler das 60. Lebensjahr vollendet, so erhöht sich dieser Freibetrag um weitere 10.000 DM (**Altersfreibetrag**), soweit sein Vermögen vor Abzug des persönlichen Freibetrags von 70.000 DM den Gesamtbetrag von 150.000 DM nicht übersteigt. Andernfalls vermindert sich der Altersfreibetrag um den übersteigenden Betrag (§ 6 Abs. 3 VStG). Hat der Steuerzahler das 65. Lebensjahr vollendet, so erhöht sich der Altersfreibetrag auf 50.000 DM, soweit der Steuerzahler keine vermögensteuerfreien Renten von mehr als 4.800 DM jährlich bezieht (§ 6 Abs. 4 VStG).

Ehegatten, die nicht dauernd getrennt leben, sowie Eltern mit **Kindern,** die das 18. Lebensjahr noch nicht vollendet haben, werden zusammenveranlagt (§ 14 Abs. 1 VStG). Auf gemeinsamen Antrag können Eltern mit Kindern, die das 27. Lebensjahr noch nicht vollendet haben und sich noch in Berufsausbildung befinden, zusammenveranlagt werden (§ 14 Abs. 2 VStG). Dabei wird das Gesamtvermögen von Ehegatten, Eltern und Kindern sowie die ihnen zustehenden persönlichen und sachlichen Freibeträge zusammengerechnet. Dadurch können die von einer zusammenveranlagten Person nicht ausgenutzten Freibeträge den anderen zugute kommen.

Beispiel:
Ein Ehepaar mit 3 Kindern unter 18 Jahren hat, sofern sie die Zusammenveranlagung wählen, einen Freibetrag von 5 × 70.000 DM = 350.000 DM.

Ausgeschlossen von einer Zusammenveranlagung sind beschränkt steuerpflichtige Personen.

Die Vermögensteuer beträgt 0,5% des nach Abzug der Freibeträge anzusetzenden steuerpflichtigen Vermögens (§ 10 Nr. 1 VStG).

1 Wie Wertpapiere bewertet werden

Wertpapiere, die am Stichtag an einer deutschen Börse zum **amtlichen Handel** zugelassen waren, werden mit dem am Stichtag im amtlichen Handel notierten Kurs angesetzt (§ 11 Abs. 1 BewG). Wurden von der inländischen Börse unterschiedliche Kurse notiert, ist die niedrigste Notierung entscheidend. Liegt am Stichtag keine Notierung vor, ist der letzte innerhalb von 30 Tagen vor dem Stichtag im amtlichen Handel notierte Kurs anzusetzen.

Sind Wertpapiere **nicht zum amtlichen Handel,** sondern nur zum geregelten Markt zugelassen oder in den geregelten Freiverkehr einbezogen, ist der am Stichtag festgestellte Preis oder, falls am Stichtag eine Preisfeststellung nicht erfolgt ist, der letzte innerhalb von 30 Tagen vor dem Stichtag festgestellte Preis anzusetzen. Dies gilt für Aktien, Bezugs- und Optionsrechte sowie für festverzinsliche Wertpapiere wie Pfandbriefe, Obligationen, Schuldverschreibungen.

Für die notierten Wertpapiere veröffentlicht der Bundesminister für Finanzen die vermögensteuerlich maßgebenden Kurse zum Jahresbeginn im Bundessteuerblatt (§ 113 BewG).

Wie festverzinsliche Wertpapiere werden auch Optionsanleihen, Zerobonds und Genußscheine behandelt.

2 Abzug von Steuerschulden

Betreffen Steuerschulden, die mit Kapitalanlagen zusammenhängen (z. B. Gesellschaftsteuer oder Erbschaftsteuer) einen **einmaligen Vorgang,** können sie bei der Vermögensteuer als Schuld abgezogen werden, sobald die Steuerschuld entstanden ist.

Laufend veranlagte Steuern (z. B. Einkommen-, Vermögen-, Umsatzsteuer) können als Schulden berücksichtigt werden, soweit sie am Stichtag fällig sind oder für einen Zeitraum erhoben werden, der spätestens am Stichtag geendet hat. Endet er erst nach dem Stichtag, kann nur der Teil abgesetzt werden, der auf den Zeitraum davor entfällt (§§ 105 Abs. 1, 118 Abs. 1 Nr. 1 BewG).

3 Sonstiges Vermögen

Es setzt sich zusammen aus

- Kapitalforderungen (z. B. Hypothekenforderungen, Bundesschatzbriefe),
- inländische Zahlungsmittel und Guthaben (Bargeld, Spar-, Bank-, Postscheckguthaben), gekürzt um einen Freibetrag von 1.000 DM für den Steuerzahler und jede mit ihm zusammenveranlagte Person,
- ausländische Zahlungsmittel,
- festverzinsliche Wertpapiere,
- noch nicht fällige Ansprüche aus Lebensversicherungen, angesetzt mit dem Rückkaufswert oder mit ⅔ der eingezahlten Prämien nach Kürzung um einen Freibetrag von 10.000 DM für den Steuerzahler und jede mit ihm zusammenveranlagte Person,
- Edelmetalle, Edelsteine, Perlen, Münzen und Medaillen, wenn ihr Wert insgesamt 1.000 DM, ggf. vervielfältigt um jede mit dem Steuerzahler zusammenveranlagte Person, übersteigt,
- Schmuckgegenstände, Gegenstände aus edlem Metall und Luxusgegenstände, wenn ihr Wert insgesamt 10.000 DM, ggf. vervielfältigt um die

Zahl der mit dem Steuerzahler zusammenveranlagten Personen, übersteigt,

- Kunstgegenstände und Sammlungen, wenn ihr Wert insgesamt 20.000 DM, ggf. vervielfältigt um die Zahl der mit dem Steuerzahler zusammenveranlagten Personen, übersteigt.

Bei der Ermittlung des Vermögens wird vom Gesamtbetrag der Kapitalforderungen, der Zahlungsmittel und Guthaben sowie der festverzinslichen Wertpapiere ein Freibetrag von 10.000 DM berücksichtigt. Dieser Freibetrag wird mit der Zahl der zusammenveranlagten Personen vervielfacht.

4 Es gibt Freibeträge von . . .

- 70.000 DM für den Steuerzahler und

70.000 DM für den Ehegatten (wenn die Ehegatten am Stichtag unbeschränkt steuerpflichtig waren und nicht dauernd getrennt lebten) sowie 70.000 DM für jedes Kind, das mit seinen Eltern oder einem Elternteil zusammen veranlagt wird.

Kinder im Sinn des Vermögensteuergesetzes sind eheliche Kinder (einschließlich adoptierter Kinder), für ehelich erklärte Kinder, nichteheliche Kinder, Stiefkinder und Pflegekinder. Für über 18 Jahre alte Kinder muß für die Zusammenveranlagung ein besonderer Antragsgrund vorliegen, insbesondere Berufsausbildung, Ableisten eines freiwilligen sozialen Jahrs, gesetzlicher Grundwehrdienst, Unterhalt wegen dauernder Erwerbsunfähigkeit des Kindes.

- 10.000 DM wegen Alters- oder Erwerbsunfähigkeit, soweit der Steuerzahler das 60. Lebensjahr vollendet hat oder voraussichtlich für mindestens 3 Jahre erwerbsunfähig ist und das Gesamtvermögen nicht mehr als 150.000 DM beträgt.

Für über 65 Jahre alte erwerbsunfähige Steuerzahler kann sich der Freibetrag unter bestimmten Voraussetzungen auf 50.000 DM, im Fall der Zusammenveranlagung auf 100.000 DM, erhöhen (§ 6 VStG).

5 Und wann wird zur Vermögensteuer veranlagt?

Eine Vermögensteuerveranlagung wird im Rahmen der **Hauptveranlagung** im allgemeinen alle 3 Jahre durchgeführt (§ 15 Abs. 1 VStG). Die letzte Hauptveranlagung erfolgte auf den 1. 1. 1989.

Zwischen zwei Hauptveranlagungszeiträumen kommt es zu einer **Neuveranlagung,** wenn sich das Vermögen seit dem letzten Hauptveranlagungszeitraum so verändert hat, daß bestimmte Wertgrenzen (Abweichen um mehr als ⅕ oder von mehr als 150.000 DM, mindestens aber 50.000 DM, bei Vermögensminderungen mindestens 10.000 DM; § 16 Abs. 1 Nr. 1 VStG) überschritten worden sind, oder wenn sich die Verhältnisse für die Zusammenveranlagung oder die Gewährung von Freibeträgen geändert haben.

Zu einer **Nachveranlagung** führt die erstmalige Begründung der Steuerpflicht nach dem letzten Veranlagungszeitraum oder beim Wechsel von der unbeschränkten zur beschränkten Steuerpflicht und umgekehrt (§ 17 VStG).

E Die Erbschaft- und Schenkungsteuer

Erbschaftsteuerpflichtig sind Erwerbe von Todes wegen (§ 1 ErbStG), schenkungsteuerpflichtig Schenkungen unter Lebenden (§ 7 Abs. 1 ErbStG).

Als **Erwerb von Todes wegen** gilt der Erwerb durch Erbfall wie z. B. kraft gesetzlicher Erbfolge oder letztwilliger Verfügung des Erblassers, Testament oder Erbvertrag, durch Vermächtnis (§§ 2147 ff. BGB), der Erwerb aufgrund eines Erbersatzanspruchs (§ 1934a ff. BGB) oder eines Pflichtteilsanspruchs (§2303 BGB), der Erwerb durch Schenkung auf den Todesfall (§ 2301 BGB) sowie der Erwerb von Vermögensvorteilen, die aufgrund eines vom Erblasser mit einem Dritten geschlossenen Vertrags unter Lebenden mit dem Tod des Erblassers unmittelbar gemacht wird (§ 3 Abs. 1 ErbStG).

Schenkungen unter Lebenden unterliegen der Schenkungsteuer. Hierunter fallen freigebige Zuwendungen unter Lebenden, soweit der Bedachte durch sie auf Kosten des Zuwendenden bereichert wird (§ 7 Abs. 1 Nr. 1 ErbStG). Unerheblich ist, ob die Zuwendung als Schenkung bezeichnet wird. Als Schenkung gilt weiterhin, was jemand infolge Vollzug einer vom Schenker angeordneten Auflage ohne entsprechende Gegenleistung erlangt (§ 7 Abs. 1 Nr. 2 ErbStG).

Wie bei der Vermögensteuer unterscheidet man zwischen der unbeschränkten, der beschränkten und der erweitert beschränkten Steuerpflicht. **Unbeschränkte Steuerpflicht** liegt dann vor, wenn der Erblasser zur Zeit seines Todes, der Schenker bei Ausführung der Zuwendung oder der Erwerber zur Zeit der Entstehung der Steuerschuld in der Bundesrepublik ihren Wohnsitz oder gewöhnlichen Aufenthalt hatte. Andernfalls besteht **beschränkte Steuerpflicht** (die sich auf das Inlandsvermögen sowie die

Nutzungsrechte daran) oder erweitert beschränkte Steuerpflicht (die sich auf das sogenannte erweiterte Inlandsvermögen erstreckt).

1 Die Steuerklassen

Es gibt günstige und ungünstige Steuerklassen, nach denen sich die Höhe der Freibeträge richtet.

Steuerklasse I: der Ehegatte und die Kinder sowie die Kinder vorverstorbener Kinder (Enkel),

Steuerklasse II: die Abkömmlinge der Kinder (Enkel, Urenkel) soweit sie nicht schon zur Steuerklasse I gehören; außerdem die Eltern und Voreltern beim Tod eines Kindes,

Steuerklasse III: die Eltern, Voreltern, Stiefeltern, Adoptiveltern, die Geschwister und ihre Abkömmlinge ersten Grades, die Schwiegerkinder, Schwiegereltern sowie die geschiedenen Ehegatten,

Steuerklasse IV: alle übrigen Erwerber.

2 Wie hoch sind die Freibeträge?

Steuerpflichtig ist der Erwerb nur, soweit die folgenden Freibeträge überschritten werden (§ 16 Abs. 1 ErbStG):

1. für den Ehegatten 250.000 DM,
2. für die übrigen Personen der Steuerklasse I 90.000 DM,
3. für Personen der Steuerklasse II 50.000 DM,
4. für Personen der Steuerklasse III 10.000 DM und
5. für die Personen der Steuerklasse IV 3.000 DM.

Für beschränkt Steuerpflichtige gilt ein einheitlicher Freibetrag von 2.000 DM.

Dem überlebenden Ehegatten wird neben dem Freibetrag von 250.000 DM noch ein besonderer **Versorgungsfreibetrag** von 250.000 DM gewährt. Haben die Ehegatten im gesetzlichen Güterstand der Zugewinngemeinschaft gelebt, steht dem überlebenden Ehegatten ein Freibetrag in Höhe der Ausgleichsforderung zu, die er bei der güterrechtlichen Abwicklung der Zugewinngemeinschaft hätte geltend machen können (§ 5 Abs. 1 ErbStG).

3 Die Steuersätze

Die Höhe der Steuersätze (§ 19 Abs. 1 ErbStG) hängt von der Steuerklasse und der Höhe des steuerpflichtigen Erwerbs ab. Mehrere innerhalb von 10 Jahren von derselben Person anfallende Vermögensvorteile werden in der Weise zusammengerechnet, daß dem letzten Erwerb die früheren Erwerbe nach ihrem früheren Wert zugerechnet werden.

Ausländische Erbschaftsteuer, die von einem ausländischen Staat auf Auslandsvermögen erhoben wird, kann auf die deutsche Erbschaftsteuer angerechnet werden, soweit das Auslandsvermögen der deutschen Besteuerung unterliegt (§ 21 Abs. 1 ErbStG).

Besondere Regelungen aufgrund eines Doppelbesteuerungsabkommens bestehen bei der Erbschaftsteuer mit Israel, Österreich, Schweden, der Schweiz und den USA.

4 So wird der steuerpflichtige Erwerb ermittelt

Für die Bewertung des steuerpflichtigen Vermögens sind beim Erbfall der Todestag des Erblassers, bei der Schenkung der Zeitpunkt der Vermögensübertragung maßgebend. Ereignisse, die zu einer Erhöhung oder einer Verringerung des Werts führen (z. B. die Änderung von Börsenkurse bei Wertpapieren), werden bei der Bewertung weder zugunsten noch zuungunsten des Steuerzahlers berücksichtigt.

Bei der Ermittlung des steuerpflichtigen Erwerbs sind beim Erwerb von Todes wegen die Erblasserschulden (= alle Verpflichtungen, die noch in der Person des Erblassers begründet worden und mit seinem Tod noch nicht erloschen sind) sowie die Erbfallschulden (= Verbindlichkeiten, die den Erben oder anderen Erwerbern unmittelbar aus Anlaß des Nachlasses entstehen, wie z. B. Verbindlichkeiten aus Pflichtteilsrechten, Vermächtnissen und Auflagen), abzuziehen.

Bei einer Schenkung unter Lebenden sind die damit in Verbindung stehenden Belastungen wie übernommene Schulden und Lasten, erbrachte Gegenleistungen und zu erfüllende Auflagen abzuziehen.

Für die erbschaft- oder schenkungsteuerliche Bewertung von Kapitalvermögen sind grundsätzlich dieselben Vorschriften wie bei der Vermögensteuer maßgebend (§ 12 Abs. 1 ErbStG). Ich verweise auf die Ausführungen dort.

Unterschiedlich ist aber der Bewertungszeitpunkt. Während für die Vermögensteuer der 31. 12. als Stichtag gilt, ist bei der Erbschaft- und Schenkungsteuer der Zeitpunkt der Entstehung der Steuerschuld (Todestag, Zeitpunkt der Schenkung) entscheidend.

5 Treffen Sie zweckmäßige Erbregelungen

Erbschaftsteuerlich sind Erbregelungen günstig, bei denen das Vermögen bereits im ersten Erbgang auf mehrere Personen verteilt wird, insbesondere auf Ehegatten, Kinder und Enkel. Hierdurch können die Freibeträge für Kinder oder Enkel zweimal ausgeschöpft und die Steuerprogression gemindert werden.

Nachteilig ist, den Ehegatten zum Alleinerben einzusetzen, soweit das Vermögen des Ehegatten und gegebenenfalls der Versorgungsfreibetrag unter Berücksichtigung eines etwaigen steuerfreien Ausgleichsbetrags bei Zugewinngemeinschaft 500.000 DM übersteigt. Nachteilig ist auch die gegenseitige Einsetzung der Ehegatten in Form des Berliner Testaments (§ 2269 BGB) sowie die Einsetzung des Ehegatten als Vorerben und der Kinder als Nacherben (§§ 2100 ff. BGB). Erbschaftsteuerrechtlich wird der Vorerbe wie ein Vollerbe behandelt. Der Eintritt der Nacherbschaft mit dem Tod des Vorerben ist ein zweiter steuerpflichtiger Vorgang (§ 6 ErbStG).

Soll der überlebende Ehegatte Alleinerbe sein, empfiehlt es sich, steuerlich Vermächtnisse für die Kinder in Höhe der Freibeträge anzuordnen. Dies kann auch in der Weise erfolgen, daß das Vermächtnis mit dem Tode des Erstversterbenden anfällt und erst beim Tod des Längstlebenden fällig wird.

In diesem Fall entsteht die Erbschaftsteuer für das Vermächtnis bereits mit dem Tod des Erstversterbenden. Die hinausgeschobene Fälligkeit wird als Wertminderung (Abzinsung) berücksichtigt.

Auch die Einsetzung der Kinder zu Substanzerben unter Vereinbarung eines Nießbrauchs oder eines Rentenvorbehaltes zugunsten des überlebenden Ehegatten ist erbschaftsteuerrechtlich nicht günstig, da die Kinder den Nießbrauch oder die Rentenlast nicht wertmindernd absetzen können.

6 Vorteilhafte Gestaltungen

Die Erbschaft- und Schenkungsteuer-Belastung ist um so größer, je weniger einheitswertbezogenes Vermögen übergeht, je größer das Vermögen und je entfernter das Verwandtschaftsverhältnis sind.

- Steuerlich vorteilhaft sind besonders Schenkungen unter Berücksichtigung der Freibeträge und der **10-Jahresfrist.** Bei mehreren Zuwendungen von derselben Person kann ein Freibetrag für jeden Erwerb in Anspruch genommen werden, wenn ein Zeitabstand von mehr als 10 Jahren dazwischen liegt.

Unter Ausnutzung dieser 10-Jahresfrist können Freibeträge mehrfach ausgenutzt und damit zugleich auch die Progression des Steuertarifs gemindert werden.

● Sogenannte **Kettenschenkungen** werden vom Finanzamt als Steuerumgehung nicht anerkannt.

Hierunter versteht man Vermögenszuwendungen an Kinder über einen zwischengeschalteten Ehegattenschenker mit dem Ziel, daß das Kind den Freibetrag von 90.000 DM zweimal beanspruchen kann; einmal vom Vater und das andere Mal von der Mutter.

● Für die Besteuerung **inländischen Grundbesitzes** wird dieser mit dem Einheitswert zum 1. 1. 1964 zuzüglich eines Zuschlages von 40% angesetzt (für ausländische Grundstücke gelten demgegenüber die Verkehrswerte) (§ 12 Abs. 6 ErbStG). Für den Steuerzahler ist es vorteilhaft, Grundbesitz oder Anteile an Personengesellschaften mit Grundbesitz anstatt Bargeld zu vererben oder zu verschenken, da steuerlich nur der Einheitswert angesetzt wird.

Das gleiche gilt, wenn Geld zweckgebunden zum Erwerb bestimmten Grundbesitzes oder zum Bau eines Hauses verschenkt wird. Steuerlich handelt es sich um eine — günstigere — Grundstücksschenkung und nicht um eine Kapitalschenkung, bei der die Steuer aus dem Geldbetrag berechnet wird.

● **Lebensversicherungen** können die Erbschaftsteuerbelastung und die Ausgleichszahlungen an weichende Erben oft wesentlich entlasten. Dadurch braucht die Vermögenssubstanz oft nicht einmal angegriffen zu werden.

● Kreditinstitute sind verpflichtet, beim Tod eines Kunden, der bei ihnen ein Konto führte, ein Wertpapierdepot oder ein Schließfach unterhielt, dies **dem zuständigen Finanzamt anzuzeigen,** sobald ihnen der Todesfall bekannt wird (§ 33 Abs. 1 ErbStG). Durch diese Anzeigepflicht wird das Bankgeheimnis eingeschränkt. Das Finanzamt erhält Einblick in einkommensteuerliche und vermögensteuerliche Tatbestände, die für den Erblasser und die Erben unangenehme Folgen haben können.

Aufgrund einer solchen Anzeige wird das Finanzamt nicht nur die Erbschaftsteuer erheben, sondern vor allem die Einkommensteuer für die vom Erblasser verschwiegenen Kapitalerträge sowie die Vermögensteuer für das verschwiegene Kapitalvermögen nacherheben, soweit diese Steuern noch nicht verjährt sind. Das bedeutet, daß das Finanzamt im Erbfall Steuern für einen Zeitraum bis zu 10 Jahren nacherheben kann (§ 162 Abs. 2 AO).

Der Erbe hat auch nicht die Möglichkeit, durch eine Nacherklärung der Einkünfte aus Kapitalvermögen für Veranlagungszeiträume ab 1986 sich Steuerfreiheit für Veranlagungszeiträume vor 1986 (nach dem Gesetz über die strafbefreiende Erklärung von Einkünften aus Kapitalvermögen und von Kapitalvermögen; StrbEG) zu verschaffen (§ 2 Abs. 1 S. 3 StrbEG).

Kreditinstitute haben Wertpapierdepots und Bankkonten nur dann anzuzeigen, wenn ihr Wert mehr als 2.000 DM beträgt. Bei einem Schließfach braucht nur dessen Existenz, nicht jedoch dessen Inhalt angegeben zu werden. Von einer Wertpapierschenkung unter Lebenden braucht das Kreditinstitut keine Anzeige zu erstatten.

Hatte der Erblasser mit dem überlebenden Ehegatten oder einer anderen Person ein Gemeinschaftsdepot, so braucht das Kreditinstitut nur den Anteil des Erblassers anzuzeigen, bei einem Gemeinschaftsdepot von Ehegatten ist dies im Zweifel die Hälfte.

● Um die steuerliche Erfassung von Einkünften aus Kapitalvermögen und von Kapitalvermögen zu verbessern, ist in den letzten Jahren die Zusammenarbeit der anderen Dienststellen der Finanzämter mit den Erbschafts- und Schenkungsteuerstellen deutlich verbessert worden. Diese Zusammenarbeit erfolgt durch **Kontrollmitteilungen** einerseits vom Veranlagungsbereich für Zwecke der Erbschaft- und Schenkungsteuer, andererseits durch Erbschaft- und Schenkungsteuerstellen für die Steuerakten von Erblasser und Erwerber. So teilen die Erbschaftsteuerstellen bei Überschreiten bestimmter Wertgrenzen dem zuständigen Finanzamt den ermittelten Nachlaß für die Besteuerung des Erblassers nach dessen Einkommen und Vermögen mit.

Bei der Auswertung solcher Kontrollmitteilungen wird das Finanzamt aus dem Vorhandensein von Wertpapieren und Kapitalforderungen, insbesondere auch von Sparguthaben und Festgeldkonten, in der Regel auf Einkünfte aus Kapitalvermögen schließen. Bei wesentlichem Vermögenszuwachs in kurzer Zeit wird das Finanzamt dessen Herkunft prüfen und ermitteln, ob er aus Einkünften stammt, die zu versteuern waren.

Außerdem wird das Finanzamt bei der Auswertung von Kontrollmitteilungen prüfen, ob die Einkünfte aus dem ererbten oder geschenkten Vermögen bzw. aus den mit diesem Vermögen angeschafften anderen Einkunftsquellen vollständig erfaßt worden sind. Behauptet ein Steuerzahler, er habe die geerbten Mittel verbraucht, so hat er dies nachzuweisen, insbesondere wenn es sich um erhebliche Mittel handelt und der Verbrauch in verhältnismäßig kurzer Zeit erfolgt sein soll.

F Wie ist das mit der Steueramnestie?

1 Das Steueramnestiegesetz: Eine Brücke zur Steuerehrlichkeit?

„Wer bis 31. Dezember 1990 bei der Finanzbehörde für die Besteuerung der Einkünfte aus Kapitalvermögen erhebliche Angaben in der Steuererklärung für 1986 und 1987 richtig und vollständig macht oder für die Veranlagungszeiträume ab 1986 nachholt, berichtigt oder ergänzt (strafbefreiende Erklärung), wird auch für weiter zurückliegende Zeiträume straffrei, soweit auf Einkünfte aus Kapitalvermögen entfallende Steuern hinterzogen worden sind. Die Wirkungen der strafbefreienden Erklärung treten auch dann ein, wenn nach dem 13. Oktober 1987 bis zum Inkrafttreten dieses Gesetzes in für Veranlagungszeiträume ab 1986 abgegebenen Steuererklärungen, Berichtigungserklärungen (§ 153 AO), Selbstanzeigen (§§ 371, 378 Abs. 3 AO) oder sonstigen Erklärungen Angaben enthalten sind, die den Anforderungen des Satzes 1 genügen. Die Sätze 1 und 3 gelten entsprechend für die Angaben zur Besteuerung des Kapitalvermögens, aus dem die Einkünfte geflossen sind."

Im Klartext bedeutet dies, daß ein Steuerzahler, der in der Einkommensteuererklärung 1986 und 1987 seine Kapitalerträge richtig und vollständig angibt, von einer Strafverfolgung und einer Nacherhebung der Steuern auch für die Zeit vor 1986 befreit ist. Das gleiche gilt für den Steuerzahler, der mit der Steuererklärung für 1987 Zinseinnahmen für 1986 nacherklärt sowie für die Vermögensteuer. Für weitergehende Einzel-Informationen zum Bereich des Steueramnestiegesetzes wird auf den ebenfalls im WRS-Verlag, München, erschienenen aktuellen Ratgeber „Steueramnestie – was tun?" von Bilsdorfer/Geckle/Neufang, 88 Seiten, 24,80 DM verwiesen.

2 Bankenerlaß in die Abgabenordnung

Das Amnestiegesetz wird ergänzt durch eine Übernahme des bisherigen Bankenerlasses als neuer § 30a in die AO. Hierdurch soll die durch die Einführung der Kapitalertragsteuer auf Zinsen hervorgerufene Befürchtung zerstreut werden, die Anonymität der Konten sei nicht mehr gewahrt. Damit ist sichergestellt, daß die Finanzämter **keinen Einblick in die Guthaben** eines Steuerzahlers bei einer Bank erhalten.

Diese Beschränkung der Außenprüfung bei Kreditinstituten ist im Grunde das Verbot, Kontrollmitteilungen zu schreiben. Das war bisher nur im

Bankenerlaß geregelt. Dort sollen die Finanzbehörden auf das besondere Vertrauensverhältnis zwischen Kreditinstituten und deren Kunden Rücksicht nehmen und insbesondere Außenprüfungen bei Kreditinstituten regelmäßig nicht zum Anlaß nehmen, Kontrollmitteilungen über Kontoinhaber auszuschreiben. Nun ist durch Gesetz klargestellt, daß bei der Außenprüfung von Kreditinstituten Kontrollmitteilungen über Guthabenkonten oder Depots, für die eine Legitimationsprüfung vorgenommen wurde, unterbleiben sollen (§ 30a Abs. 1 und 2 AO).

Für die Praxis:

- Die Finanzämter dürfen von den Kreditinstituten zum Zweck der allgemeinen **Überwachung** die einmalige oder periodische Mitteilung von Konten bestimmter Art oder bestimmter Höhe **nicht** verlangen.
- In den Vordrucken für Steuererklärungen soll die Angabe der **Nummern** von Konten und Depots, die der Steuerzahler unterhält, **nicht** verlangt werden, soweit nicht steuermindernde Ausgaben oder Vergünstigungen geltend gemacht werden oder die Abwicklung des Zahlungsverkehrs mit dem Finanzamt dies bedingt.
- **Einzelauskunftsersuchen** an Kreditinstitute sollen erst dann erfolgen, wenn die Sachverhaltsaufklärung durch den Steuerzahler nicht zum Ziel geführt hat oder keinen Erfolg verspricht. Grundsätzlich haben die Finanzbehörden einen Sachverhalt nicht auf alle möglichen Fallgestaltungen zu erforschen, sondern können den Angaben des Steuerzahlers Glauben schenken. Die Ermittlungen des Finanzamtes sollen nur auf Fälle beschränkt bleiben, wenn greifbare Umstände vorliegen, die darauf hindeuten, daß die Angaben des Steuerzahlers falsch oder unvollständig sind.

Auch nach Einführung der Quellensteuer braucht kein Bankkunde zu befürchten, daß das Finanzamt über eine Nachfrage bei seiner Bank routinemäßig Kenntnis von seinen Vermögensverhältnissen erhält.

G Was läuft in der DDR?

Die Welt schaut gebannt auf die Entwicklung, wie beide deutschen Staaten zusammenwachsen. Für bundesdeutsche Anleger wird es immer interessanter, in der DDR zu investieren. Das gleiche wird bald für Anleger aus der DDR gelten. Hierzu müssen sich die Anleger über die steuerliche Situation in den beiden, bislang noch unabhängigen Staaten informieren. Aus politischen, staats- und verfassungsrechtlichen Gründen wird das Gebiet der

DDR nicht als Ausland behandelt. Andererseits ist die DDR im Sinn der westdeutschen Steuergesetzgebung und -verwaltung kein Inland.

1 Besteuerung von Kapitaleinkünften von und in der DDR

In der DDR bezogene Kapitaleinkünfte sind dort einkommensteuerpflichtig. Dabei sind in der DDR oder in Ost-Berlin ansässige natürliche Personen dort unbeschränkt, nichtansässige Personen mit den in der DDR erzielten Kapitaleinkünften beschränkt einkommensteuerpflichtig.

Wie in der Bundesrepublik wird bei der Auszahlung von Gewinnanteilen, Erträgen aus Gesellschafteranteilen, Hypotheken, Schuldverschreibungen usw. eine Kapitalertragsteuer als Abzugsteuer erhoben. Der Steuersatz beträgt einheitlich 15%.

Steuerfrei sind Zinsen aus Sparguthaben. Dies gilt auch für Zinsen aus Spargiroeinlagen, Hypothekenpfandbriefen und aus Obligationen, die durch die VEB Kommunale Wohnungsverwaltung ausgegeben sind. In diesen Fällen unterbleibt auch der Steuerabzug vom Kapitalertrag.

Die Kapitaleinkünfte werden wie in der Bundesrepublik als Überschuß der Kapitaleinnahmen über die Werbungskosten ermittelt.

In der Bundesrepublik sind Einkünfte der in § 49 EStG bezeichneten Art gemäß § 3 Nr. 63 EStG von der Besteuerung freigestellt, wenn sie in der DDR oder in Ost-Berlin bezogen worden sind und dort zu einer der inländischen Einkommensteuer entsprechenden Steuer tatsächlich herangezogen werden. Diese Regelung ersetzt im Verhältnis zur DDR ein Doppelbesteuerungsabkommen. Ansonsten würden die von einem in der Bundesrepublik unbeschränkt Steuerpflichtigen in der DDR oder Ost-Berlin bezogenen Einkünfte einer **zweifachen Besteuerung** unterliegen.

Befreit sind nur Einkünfte der in § 49 EStG bezeichneten Art, d. h. Einkünfte, die durch zusätzliche Anknüpfungsmerkmale, z. B. Betriebsstätte, Grundstück eine besondere Beziehung zu dem Gebiet aufweisen, in dem sie erzielt worden sind. Liegen diese besonderen Anknüpfungspunkte nicht vor, unterliegen die in der DDR oder Ost-Berlin bezogenen Einkünfte der inländischen Besteuerung in der Bundesrepublik. In diesen Fällen entfällt jedoch in der Regel die beschränkte Besteuerung in der DDR.

Das in der DDR oder Ost-Berlin befindliche Kapitalvermögen ist vermögensteuerpflichtig. Dabei sind in der DDR oder Ost-Berlin ansässige Personen unbeschränkt, nichtansässige Personen nur hinsichtlich des in der DDR oder Ost-Berlin befindlichen Vermögens beschränkt vermögensteuerpflichtig.

Sparguthaben sind für Bürger mit **Wohnsitz in der DDR** oder Ost-Berlin in unbeschränkter Höhe vermögensteuerfrei. Bemessungsgrundlage für die Vermögenbesteuerung ist das **Gesamtvermögen** bzw. bei beschränkter Steuerpflicht das in der DDR oder Ost-Berlin befindliche Vermögen. Die Steuersätze betragen bei natürlichen Personen nach einem Überschreiten der familienbezogenen Freigrenzen ab 1990 zwischen 0,5% und 1% des Vermögens. In bestimmten Fällen sieht das Vermögensteuergesetz Pauschalierungen, Teil- oder Gesamterlaß vor.

Das Kapitalvermögen unterliegt weiterhin in der DDR und Ost-Berlin der **Erbschaft- und Schenkungsteuer**, soweit es aufgrund eines Erwerbes von Todes wegen oder aufgrund einer Schenkung unter Lebenden auf eine natürliche oder juristische Person, Personenvereinigung oder Zweckvermögen mit Wohnsitz, Sitz oder Geschäftsleitung in der DDR übergeht. In anderen Staaten, z. B. in der Bundesrepublik aus Anlaß des Erbanfalls erhobene Steuern können als **Nachlaßverbindlichkeiten** von der Erbschaftsteuer oder nach spezieller Festlegung des außerhalb der DDR belegenen Erbteils von der Berechnungsgrundlage abgezogen werden.

2 In der DDR oder Ost-Berlin ansässige Personen

Personen mit Wohnsitz in der DDR oder Ost-Berlin sind in der Bundesrepublik mit **ihren Einkünften aus Kapitalvermögen** gemäß § 1 Abs. 4 i.V.m. § 49 Abs. 1 Nr. 5 EStG beschränkt steuerpflichtig.

Soweit diese Einkünfte der Kapitalertragsteuer unterliegen (§ 43 Abs. 1 Nr. 1-5 EStG), gilt die Einkommensteuer für diese Einkünfte nach § 50 Abs. 5 EStG als abgegolten.

Die Einkommensteuer beträgt gemäß § 50 Abs. 3 S. 2 EStG mindestens 25% des Einkommens. Dieser Mindeststeuersatz **gilt nicht** für natürliche Personen mit Wohnsitz oder gewöhnlichem Aufenthalt in der DDR oder Ost-Berlin (§ 50 Abs. 3 S. 3 EStG).

Aufgrund von übereinstimmenden Ländererlassen der Finanzverwaltung, kann die in den Fällen des § 43 Abs. 1 Nr. 1 EStG, sowie die auf Zinsen aus Wandelanleihen und Gewinnobligationen i.S.d. § 43 Abs. 1 Nr. 3 und 5 EStG einbehaltene Kapitalertragsteuer erstattet werden, soweit sie 15% übersteigt. Hierbei schreibt das Kreditinstitut, das die Wertpapiere verwaltet, dem Gläubiger der Kapitalerträge oder demjenigen, der die Wertpapiere für diesen treuhänderisch verwaltet, Kapitalerträge lediglich unter Abzug von 15% Kapitalertragsteuer gut.

Die Zentralstellen der Kreditinstitute reichen anschließend die Erstattungsanträge als Sammelanträge bei dem zuständigen Finanzamt ein, in dem der Schuldner der Kapitalerträge seine Geschäftsleitung hat. Dabei sind von den Kreditinstituten die erforderlichen Erklärungen, z. B. bezüglich des Treuhanddepots und des Wohnsitzes des Gläubigers beizufügen.

Ausgeschlossen ist eine **Vergütung** der anrechenbaren Körperschaftsteuer mit Ausnahme der Vergütung des Körperschaft-Erhöhungsbetrages nach § 36e EStG an beschränkt Einkommensteuerpflichtige.

Die Vermögensteuerpflicht in der Bundesrepublik erstreckt sich auf das **Gesamtvermögen**, nicht jedoch auf **Vermögensgegenstände**, die auf das Währungsgebiet der Mark der DDR entfallen sowie Nutzungsrechte an solchen Gegenständen (§ 1 Abs. 3 VStG).

In der DDR oder in Ost-Berlin ansässige Personen, die in der Bundesrepublik Wirtschaftsgüter der in § 121 Abs. 2 BewG genannten Art, insbesondere land- und forstwirtschaftliches Vermögen, Grundvermögen, Betriebsvermögen, Anteile an einer Kapitalgesellschaft oder Forderungen aus einer Beteiligung an einem Handelsgewerbe als **stiller Gesellschafter** haben, sind mit diesen Werten nach § 2 Abs. 1 VStG beschränkt steuerpflichtig. Sie sollen jedoch **nicht** zu einer höheren **Vermögensteuer** herangezogen werden als sie im Rahmen der unbeschränkten Steuerpflicht für das in der Bundesrepublik belegene Vermögen zu zahlen haben würden (Abschn. 104 Abs. 3 VStR 1989).

3 Weitere Steueränderungen und weitere Entwicklung

Am 18. 3. 1990 ist als erste Stufe einer umfassenden Steuerreform das Steueränderungsgesetz 1990 verabschiedet worden. Es betrifft die direkten Steuern (ESt, KSt, VSt) und gilt rückwirkend ab 1. 1. 1990. Mit dem Gesetz sollen die Steuern der DDR dem Steuersystem in der Bundesrepublik angeglichen werden. Für die Einkünfte aus Kapitalvermögen gilt der allgemeine Einkommensteuertarif (Steuergrundtarif A) mit nach dem Jahreseinkommen gestaffelten Steuersätzen von 20 bis 70%.

Ab dem 1. 1. 1991 soll die DDR nach dem Staatsvertrag über die Wirtschafts-, Wohnungs- und Sozialunion weitestgehend das Steuerrecht der Bundesrepublik übernehmen. Hierzu gehören auch das Einkommen-, Vermögen- und Erbschaftsteuerrecht.

In Art. 31 des Staatsvertrags sind zudem besondere Regelungen zur Vermeidung der Doppelbesteuerung bei der Vermögen- und Erbschaftsteuer enthalten. Hiernach steht ab dem 1. 1. 1991 das Besteuerungsrecht für diese Steuern ausschließlich dem Staat zu, in dem der Steuerpflichtige seinen Wohnsitz hat. Anders als bisher sind daher in der Bundesrepublik ansässige Personen auch mit ihrem auf das Gebiet der DDR entfallenden Vermögen in Zukunft in der Bundesrepublik vermögensteuerpflichtig § 1 Abs. 3 Satz 2 VStG ist mit Wirkung ab 1991 aufgehoben worden.

Stichwortverzeichnis